AI와 인간관계의 변화

AI문고

인공지능 시대입니다. 기계가 인간의 인지를 대신하고, 사물이 인간을 통하지 않고 다른 사물과 직접 커뮤니케이션합니다. 이에 따른 인간 삶과 문명 변화를 정확히 이해 · 예측 · 대응하는 것은 이 시대 우리 모두의 과제입니다. AI문고는 인공지능 기술과 환경의 여러 주제를 10가지 키워드로 정리합니다. 관련 개념과 이론, 학계와 산업계의 쟁점, 우리 일상의 변화를 다룹니다. 인간과 기술의 현재, 미래를 세심히 분석합니다.

일러두기

- 인명, 작품명, 저서명, 개념어 등은 한글과 함께 괄호 안에 해당 국가의 원어를 병기했습니다.
- 외래어 표기는 현행 어문규정의 외래어표기법을 따랐습니다. 다만 '딥러닝', '딥마인드', '딥페이크' 등은 관행을 따랐습니다.

처음이세요?

전문가세요?

AI와 인간관계의 변화

나은영

대한민국, 서울, 커뮤니케이션북스, 2025

AI와 인간관계의 변화

지은이 나은영
펴낸이 박영률

초판 1쇄 펴낸날 2025년 4월 14일

커뮤니케이션북스(주)
출판 등록 2007년 8월 17일 제313-2007-000166호
02880 서울시 성북구 성북로 5-11
전화(02) 7474 001, 팩스(02) 736 5047
commbooks@commbooks.com
www.commbooks.com

ISBN 979-11-7307-715-9 03500

책값은 뒤표지에 표시되어 있습니다.

차례

인간과 AI의 평화로운 공존을 위한 지혜

소셜한 기능을 하는 AI와의 관계와 공존

우리는 이제 AI와 함께 살아가야 한다. AI의 이용 영역이 점점 더 넓어지면서 고도화해 가고 있어, 앞으로 인간이 어떻게 해야 AI와 더 평화롭게 효율적으로 공존할 수 있을지에 관한 지혜를 모아야 할 때다.

무엇보다 우리는 AI가 인간의 무엇을 대체해 가고 있는지를 살펴봐야 한다. AI가 인간으로부터 정보를 얻어 지식을 형성하고 이 지식과 정보들을 연결해 추론을 거쳐 언어로 표현하거나 또 다른 형태로 출력물을 내놓는 과정은 이미 인간의 뇌를 넘어선 부분이 있다. 방대한 자료의 양과 처리 속도 측면에서 특히 AI가 우위를 점하고 있다.

디지털 미디어 시대가 되면서 인간이 컴퓨터를 통해 디지털 세계에 쏟아 놓은 인간 관련 데이터가 어마어마하다 보니, 이것을 먹이로 한 AI의 진화 수준과 그 속도 또한 어지러울 정도로 빠르다. 지금까지 인간만의 특성으로 간주해 왔던 '생각하는 힘'을 이제 상당 부분 AI에게 넘겨주고 있다. 더 나아가, 멀지 않은 미래에 범용 인공지능(AGI, Artificial General Intelligence) 및 초인공지능(ASI, Artificial Super Intelligence) 시대가 올 것이라고 전망하는 지금, 인간보다 더 뛰어나 인간을 통제할 수 있는 AI가 등장하지 않을까 염려하고 있기도 하다. 인간 뇌의 대체를 넘어 인간 자체를 대체하게 될 가능성도 있기 때문이다.

가장 우려스러운 부분 중 하나는 AI가 '소셜(social)'한 기능까지 담당하게 되면서 '대인 관계'까지 대체하게 될 수도 있다는 부분이다. '소셜'하다는 것은 '다른 사람들'과의 관계를 의미한다. 소셜한 기능을 하는 AI는 인간과 관계를 맺으면서 인간에게 필요한 서비스를 제공해 준다. 그런데 이 '다른 사람'의 자리를 AI가 슬금슬금 차지해 가고 있는 상황인 것이다.

예를 들어 보면, 주변의 사람들은 '나'를 화나게 하기도 하고 '나'에게 자기를 돌봐 달라고 부담을 주기도 하는데 비해, AI는 내 표정이나 억양만으로도 내가 어떤 기분인지를 잘 살펴 적절한 음악을 틀어 주고 따뜻한 차를 가져다주고 필요한 약을 챙겨 주는 완벽한 돌봄 로봇이나 케어 로봇의 역할을 해 준다면, '나'는 다른 사람들보다 AI를 탑재한 이 지능 로봇과의 관계를 더 편안하게 생각하며 스스로 고립되어 갈 수도 있다. '나'라는 개인을 중심으로 AI를 탑재한 비서 로봇을 통해 세상의 모든 정보 및 지식과 연결되어 있으니 굳이 나를 힘들게 하는 다른 사람과의 연결을 갈구하지 않을 수도 있다. 물론 다른 사람이 AI에 비해 나를 힘들게 하기보다 기분 좋게 해 준다면 상황이 달라질 수 있지만, 사람들은 너무나 많은 세상의 자극들 속에서 점점 더 힘들어하고 있는 상황이기에 고립의 가능성이 높아질 수 있는 것이다. 이 책에서 선정한 10개의 핵심 주제 중 '세상의 중심이 된 나', 그리고 '인간의 모든 것을 대체해 가는 AI'를 택한 이유는 바로 이런 생각에서 출발했다.

더 나아가, 지금까지의 정보 네트워크는 정보 자체로서 존재할 뿐 그 정보를 소유한 사람의 마음까지 지배하지는 않았다. 인쇄술이 발명되었을 때도 한 사람이 소유한 정보가 대규모로 확산되어 더 많은 사람들이 그 정보를 소유하게 될 수는 있었을지언정, 인쇄술 자체가 그 정보를 가진 사람의 현재 상태까지 파악해 맞춤형 서비스를 제공하지는 않았다. 그런데 지금 무서운 속도로 발전하고 있는 AI는 인간의 감정을 포함한 모든 것을 꿰뚫고 있다. 물론 최초에 사람이 AI에게 어떤 목표를 설정해 주느냐에 따라 달라지기는 하지만, 페이스북의 연구 사례

(크리스티아니니, 2023, 170쪽)를 보아도 사람들을 화나게 하는 콘텐츠를 많이 보게 해야 사람들이 그 사이트를 많이 사용한다는 추론에 근거해서 정보 네트워크의 알고리즘이 사람들을 분노 유발 콘텐츠에 더 많이 노출시키기도 한다.

사람은 생각하는 존재이면서 사회적 존재다. 생각의 과정이 무력화한다면 인간으로서의 존재 자체가 무의미해질 수 있다. 이에 더해, '다른 사람들'과의 관계 또한 사회적 존재인 인간을 더 인간답게 만드는 중요한 요소임을 잊어서는 안 된다. 그런 의미에서 AI와 함께 살아갈 때 특히 우리가 의식하지 못하는 사이에 AI가 유도하는 대로 따라가다가 다른 사람들과의 관계를 소홀히 하게 될 우려는 없는지 살펴보아야 한다.

무엇보다 'AI는 완벽할 것이다' 또는 'AI는 최소한 나보다는 더 나은 결과물을 내놓을 것이다'라는 '환상'에서 벗어나야 한다. AI도 인간처럼, 때로는 인간보다 더 '차별'과 '오류'의 문제에서 결코 자유롭지 않다. 인간보다 AI가 덜 감정적이고 더 객관적일 것이라는 착각이 간혹 발견되기도 하지만(나은영 외, 2022), 인공지능도 인간 사회의 데이터를 바탕으로 판단하기에 인간 사회의 편견과 차별을 고스란히 반영하며(Caliskan, et al., 2017;

Motoki, et al., 2024), 가장 그럴듯한 답변을 내놓느라 사실 확인이 되지 않은 환각(hallucination)을 매우 자주 보인다. 이 책에서 '인공지능도 차별한다'는 주제는 바로 이 측면을 짚어 본 것이다.

또한 인공지능과 협업을 하기 위해서는 해당 인공지능이 가지고 있는 능력과 장점의 한계 내에서 '기계'로 대하는 것이 효과적이며 부작용을 줄일 수 있는 방법이다. 인공지능은 사람처럼 '신나서' 일한다든지 '리더를 따르고 싶은 마음이 강해서' 일을 더 열심히 한다든지 하지는 않는다. 명령을 정확히 구체적으로 입력할 때 원하는 결과를 더 잘 내놓는다. 이러한 차이는 동기와 열정이 얼마나 강한지에 따라 일에서 확연히 다른 성과를 보일 수 있는 인간과 대조적인 부분이다. 따라서 AI는 서로 '격려하며' 일을 추진해 가야 하는 동료라기보다는 '유능하지만 기계적으로 일하는' 정보 장치에 가깝다고 볼 수 있다. 그래서 인간과 달리 AI에게는 '차갑더라도 올바른' 피드백을 주는 것이 '따뜻한 마음으로 용기를 북돋우는' 것보다 더 중요하다. 이와 같은 내용은 이 책의 '타인의 영향과 협력 활동' 부분에서 다루었다.

또한 인간과 AI의 협업 과정에서 생각해 보아야 할 점은 협업의 주체가 되는 인간이 태어난 세대에 따라 '머신 프렌들리(machine-friendly)'한 정도가 다르다는 점이다. 미디어라는 기술이 발전하는 속도가 느렸을 때는 세대 간 차이가 크지 않았지만, 요즘처럼 하루가 다르게 미디어 기술을 포함한 AI와 테크놀로지의 발전이 전광석화(電光石火)처럼 이루어져 가는 경우에는 몇 년도에 태어났느냐에 따라 그 시기에 주로 사용하는 미디어와 AI의 버전이 크게 달라 격차가 커질 수 있다.

서로 대화하며 상호 작용하기 위해서는 상대방과 내가 무엇을 '공통적으로' 알고 있고 무엇을 모르고 있는지를 알아야 한다. 그런데 이러한 '공통 기반'이 인간의 경우 본인의 직접적, 간접적 경험을 바탕으로 형성되는 데 비해 AI는 언제 어떤 데이터를 바탕으로, 어떤 기능을 하도록 만들어졌는가에 따라 달라지며, 대체로 인간보다 많은 양의 지식을 가지고 있고 더 빨리 처리한다. 더 나아가 인간 세대에 따라 'AI를 얼마나 친숙하게 생각하는가'의 차이도 상호 작용 대상 간 공통 기반의 일부를 형성한다. 머신 프렌들리한 세대일수록 기계를 기계로 자연스럽게 대하게 되어 AI와의 상호 작용 효율성이 증가할 수도 있지만, 반대로 기계를 더 친숙한 사람처럼 인식해 이로 인한 부작용이 발생할 가능성도 있다. 이와 같은 내용을 이 책의 '대화의 바탕, 공통 기반의 차이' 부분에서술했다.

의지 없는 결정, 의도 없는 실행

『넥서스』의 저자 하라리(2024)는 AI를 "의식은 없지만 매우 강력한 이질적인 형태의 지능"이라고 본다(560쪽). 그래서 결정을 내리는 방식은 인간과 다르지만, AI도 '주체성'을 지닌 '정보 네트워크의 구성원'이라는 것이다.

이처럼 AI는 '비인간 지능'으로서 스스로 결정하고 새로운 아이디어를 형성할 수 있는 '능동적 행위자'이기에, 인간과 같은 의미의 '의지'가 없어도 인간에게 치명적인 영향을 줄 수 있는 '결정'을 할 수 있고, 인간과 같은 '의도'가 없어도 목적에 맞는 실행을 할 수 있다. 결정과 실행은 모두 '목표'를 향해 한 단계 한 단계 진척되는 과정에서 이루어지기에, 목표(예: 페이스북의 사용자를 최대화하라는 목표)만 설정해 주면 AI는 기계적으로 그 과정을 진행해 결과물(예: 분노를 자극하는 콘텐츠 추천)을 내놓는다. AI가 의도하지는 않았더라도 이러한 AI의 의지 없는 결정이 실행될 때 인류 사회는 점차 분노와 증오로 가득한 사회를 향해 나아가게 될 수도 있다.

물론 의지와 의도를 어떻게 정의하느냐에 따라 AI에게 의지와 의도가 있는지 없는지에 대한 판단이 달라질 수는 있겠지만, 개념 정의와는 별도로 AI가 '결정'과 '실행'을 할 수 있다는 것은 AI를 단지 '일반적인 기계'로만 취급하기 어렵게 하며, 그 결정과 실행으로 인해 인간에게 어떤 영향을 주게 될지, 혹시나 인류의 화합적 공존 자체를 위협할 가능성은 없는지를 심사숙고해 보아야 할 필요성을 제기한다. 이와 관련한 내용들을 이 책의 '주체성과 의미 부여' 부분에서 다루었다.

역사적으로 정보 네트워크는 지속적으로 확대, 발전해 오고 있지만, 정보 네트워크 자체가 유력한 '비인간 지능'으로 작용해 인간의 힘을 위협한 경우는 없었다(하라리, 2024). 인쇄술이나 인터넷이 발명되었을 때도 사람이 경험을 바탕으로 가지게 된 정보와 지식을 더 많은 사람들과 더 쉽게 나눌 수 있었기에 그 기술 자체가 주체성을 지니거나 인간에게 큰 위협이 되지는 않았다. 그러나 지금의, 그리고 미래의 AI는 '비인간'이지만 인간의 지능을 넘어서는 '초지능'을 가질 수 있기에, 인간과 다른 특성을 많이 가지고 있는, 인간을 위협할 수 있는 낯선 종족으로서, 인간 바로 옆에 거부할 수 없는 존재로 등장해 있는 상태라고 할 수 있다.

그럼에도 불구하고 AI는 아직 인간처럼 개개인에게 특별하게 작용하는 '의미 부여'를 하지 못한다. 사람은 동일한 상황에서도 개인이 처한 형편과 그때까지의 경험에 따라 조금씩 달리 의미를 부여할 수 있으나, AI의 경우 동일한 상황에는 대체로 동일한 의미가 부여된다. '의미 부여'의 바탕에는 인간이 세상의 자극들을 감각(sensation)하고 지각(perception)하며 현실 속의 경험을 체화하는 과정이 내재해 있다. 언어로 구성된 정보를 볼 때 인간은 그 내용을 '현실'과 연관 지어 사고할 수 있으나, AI는 이미 존재하는 언어 데이터 내에서 추론하느라 현실과의 직접적인 연관성을 찾아내기는 어려울 수 있다.

반면에, 인간은 외부로부터 어떤 정보를 받았거나 스스로 어떤 경험을 하게 되었을 때, 그간 본인이 겪어 왔던 세상사의 직접 경험과 학습을 바탕으로 그 사건에 의미를 부여한다. 본인의 성장에 도움이 되었다든지, 다른 사람을 더 깊이 이해하는 계기가 되었다든지 하는 의미 부여는 동일한 상황에서도 개개인에 따라 달리 발생할 수 있다. 사람마다 그때까지 살아오면서 축적한 현실 속의 경험이 다르기 때문이다. 물론 AI도 입력과 출력을 반복하면서 입출력의 경험이 많이 쌓인 AI와 그렇지 않은 AI가 있을 수 있고, 경험치는 피드백으로서 각 AI의 추후 출력에 영향을 줌으로써 두 AI가 다른 결과물을 내놓을 가능성은 충분히 있다. 그러나 이 과정에서도 '현실 세계'에서 발생하는 사건들의 '직접 입력'과 그에 대한 느낌들은 AI의 경험치에 포함되지 않는다. 현실을 '감각'하고 '지각'할 수 없기 때문이다. 오로지 인간의 직접 경험을 언어 등 다양한 방식으로 표현해 놓은 디지털 자료들을 바탕으로 간접적 추론을 해낼 뿐이다.

요약하면, AI는 생명체가 아니라서 세상의 정보를 생물학적 몸으로 받아들이는 감각과 지각이 불가능하므로 그에 기반한 직접 경험이 없고, 센서 장치를 통해 들어오는 자극의 기계적 간접 경험만 가능하다. 따라서 새로운 정보가 들어와도 그것을 세상과 맞닿아 있는 직접 경험과 연관 짓기가 어렵다. 이것을 맹성현(2024)은 인공지능이 '그라운딩(grounding)'을 하지 못한다는 사실로 설명한다. 그라운딩이란 '현실 세계의 대상들과 연결하는' 것을 말한다(297쪽).

감각과 지각뿐만 아니라, 욕망과 의도, 의식과 창의성, 공감 지능, 메타 인지, 경험 체화, 및 사회적 상호 작용도 아직 인간이 AI에게 넘겨주지 않은, 또는 본질적으로 넘겨줄 수 없는 인간 고유의 특성들이다(맹성현, 2024, 277~301쪽). 인간을 인간답게 만드는 중요한 인간 고유의 특성들을 AI가 하나둘 잠식해 가고 있는 현시

점에서는 이 중 어떤 특성들이 끝까지 남아 인간만의 장점을 지켜 갈 수 있을지 불확실하다. 그러나 'AI의 기능을 어디까지 개발할 것인가' 하는 결정은 아직 인간에게 남아 있다.

인간에게 가장 중요한 것은 인간

인간과 AI의 관계 형성에서 빼놓을 수 없는 중요한 요소 중 하나는 '의인화(anthropomorphism)' 과정이다. 이 책에서 '의인화' 과정을 핵심 주제 중 하나로 다룬 이유도 바로 여기에 있다. 인간에게는 인간이 아닌 존재나 대상도 인간처럼 여기고 인간처럼 대하는 성향이 뿌리 깊게 자리하고 있다. 애완견을 사람처럼 대하는 것은 물론이려니와, 생명체가 아닌 무생물, 심지어 도형의 움직임도 감정을 가진 사람의 움직임처럼 인식한다(Heider & Simmel, 1944). 따라서 인간과 AI 사이의 관계에서 인간은 AI를 사람처럼 대하는 반면 기계인 AI는 그렇지 않다는 비대칭성도 관계 불균형의 원인이 될 수 있다.

의인화는 단지 겉모습을 지각하는 과정에서만 이루어지는 것이 아니라, 인간이 가진 욕망이나 동기 등을 비인간에게 투영하는 과정에도 나타난다. 예컨대, AI가 주어진 목표를 향해 쉬지 않고 나아가는 모습을 인간은 '기필

코 성취하겠다'는 욕망이나 의도가 있는 것으로 해석할 수 있다. 또한 인간과 다른 방식으로라도 이 세상에 없던 '새로운' 결과물을 생성해 내는 AI에게 '창의성'이 있다고 명명할 수도 있다. 그리고 AI가 주어진 목표를 수행하는 과정에서 인류에게 해로운 출력물을 내놓을 때 'AI가 인류를 파괴하고 싶어 한다'며 AI에게 동기나 의도가 있는 것으로 해석하는 것도 AI에게 인간의 마음을 투영하는 의인화에 해당한다.

설득의 과정과 결과에서도 인간과 AI의 차이가 드러난다. 인간은 마음 깊은 곳으로부터 설득 내용을 기꺼이 받아들이려는 움직임이 있을 때 비로소 설득이 되었다고 이야기한다(나은영, 2015). 마음은 움직이지 않으면서 '겉으로만' 설득 내용을 따르는 척하는 것은 진정한 설득이 아니다. 또한 인간의 마음을 움직여 설득하려면 로고스(논리)뿐만 아니라 파토스(감정)와 에토스(윤리)도 그에 못지않게 중요한데, 인공지능에게는 파토스와 에토스가 거의 작용하지 않는다. AI는 인간의 로고스를 가장 잘 모방하며, 인간의 파토스와 에토스는 AI의 직접 경험이 아닌, 인간이 생성해 놓은 무수한 언어 및 행동 관련 데이터들을 엄청난 계산 능력으로 종합해 간접적으로, 그러나 논리적으로 형성한 '가장 그럴듯한' 응답을 출력할 뿐이다. 이와 같은 내용은 이 책의 '설득과 착각' 부분에서 다루었다.

끝으로, 인간이 인공지능과 다른 부분을 강조해 정의하며 이 책의 후반부에서 집중적으로 다룬 '호모 이모셔니쿠스'로서의 인간, '호모 바이오니쿠스'로서의 인간은 인간을 인간답게 인식하며 관계를 맺는 과정에서 매우 중요하다. 예컨대, 인간은 AI로 인해 마음의 상처를 받을 수 있지만 AI는 인간으로 인해 마음의 상처를 받지 않는다. 물론 AI의 기반 자체가 인간의 모방이기에 상처를 받은 것처럼 언어적 반응 또는 다른 방식의 반응을 내놓을 수는 있으나, 실제로 '호모 바이오니쿠스'인 인간의 생물학적 뇌가 감정을 구성해 '호모 이모셔니쿠스'로 감정을 느끼며 반응하는 것과는 확연히 다른 과정을 거치는 것이다. 그래서 AI에게는 계속 부정적 피드백을 주어도 AI가 의기소침하거나 위축되지 않지만, 사람은 예컨대 어린 시절 부모나 주변 사람들로부터 지속적인 부정적 피드백을 받으면 옥시토신과 같은 사랑 호르몬의 분비나 처리 과정에 문제가 발생해 성인이 되어서도 어려움을 겪을 수 있다.

신경 생리학적 뇌 과학 연구에 나타난 인간과 인공지능의 공감 차이를 살펴보면, 공감은 "타인을 통해 자신을 바라보는 것"이라 할 수 있다(레스택, 2015, 95~97쪽). 타인이 고통을 느끼는 것을 보거나 자신이 그 상황에 놓인다면 어떤 느낌이 들지 상상하는 것만으로도 인간은 공감을 느낀다. 실제로는 그 타인이 고통을 느끼지 않더라도 고통을 느끼는 것처럼 연기할 때조차 그런 공감을 느낀다(나은영, 2021). 공감 반응의 강도는 당연히 '동일시(identification)'의 정도와 정비례해, 자기가 더 사랑하는 사람이 고통을 느낀다고 생각할 때 더 크게 공감을 느끼는 경향도 보인다. 물론, 공감을 느끼는 정도에도 사람마다 개인차가 있다.

인간이 타인의 표정이나 소리 등에 반응하며 공감을 느끼는 능력은 아기 때부터 현실과의 상호 작용 속에서 발달한다. 만 1세의 아기 대상 실험에서도 엄마가 기쁜 얼굴을 하거나 행복한 목소리로 말하면 아기는 낯선 사람이 가져다 놓은 장난감에 관심을 보인다. 그러나 엄마가 찌푸린 표정을 하거나 심상치 않은 상황임을 암시하는 목소리를 내면 아기는 그 장난감에 다가가지 않는다(레스택, 2015, 100~101쪽). 이런 과정으로 공감 능력을 얻는 것은 AI의 경우 불가능하다.

더 나아가, "움직임이 있다고 해서 반드시 마음이 있다고는 할 수 없다"는 레스택(2015, 18쪽)의 이야기처럼,

AI를 탑재한 로봇이 인간과 유사한 움직임과 성과를 보이더라도 그에게 '마음'이 있는 것은 아니다.

AI에게 인간과 같은 마음이 없더라도 AI는 계속 발전해 갈 것이다. 더 정확히 말하면 인간이 계속 더 고성능의 AI를 개발해 갈 것이다. 그 과정에서 지금까지는 인간 고유의 특성으로 분류했던 특성들 중 일부가 또 AI로 대체될 수 있다. 예컨대, AI가 출력한 결과물에 대해 한 단계 높은 곳에서 점검하는 '헌법적(constitutional) AI'도 인간의 메타 인지와 유사한 과정을 통해 모방할 수 있고(Bai, et al., 2022), 다른 AI와의 연결, 소통, 및 상호 작용도 ASI 수준에서는 충분히 가능하며 이미 그 방향으로 나아가고 있다.

그러나 이러한 방향으로 AI가 발전해 가더라도 그 본질은 인간의 것과 다를 수밖에 없다. 특히 이 세상 속의 실체들을 직접 경험해 체화하는 과정, 그리고 상대의 마음을 '계산'하는 것이 아닌, 노벨 문학상 수상자 한강의 이야기처럼 언어에서 상대의 '체온'을 느끼며 그 마음에 진정으로 공감하는 과정은 기계적 AI가 생물학적 인간을 완전히 모방하기 어려운 인간 고유의 특성으로 남게 될 가능성이 크다.

이와 유사한 맥락에서, 인공지능은 사람처럼 숭고한

희생정신을 발휘할 수 없다. 물론 다른 인공지능이나 인간이 위험에 처해 있다고 판단할 때 저절로 전원이 꺼지도록 프로그래밍을 해 둔다면 그것을 그 인공지능의 희생이라고 인간이 해석할 수는 있겠으나, 아무리 AI의 지능이 높아도 인간의 마음 깊은 곳에서 어렵게 결정해 나오는 희생정신과 같은 부분은 AGI나 ASI도 쉽게 모방할 수 없을 것이다. 이와 같은 상황에서, 인간과 함께 살아가야 할 AI가 인간과 무엇이 유사하고 무엇이 다른지에 관해 잘 이해한 다음, 궁극적으로 '인간에게 도움이 되는' 방향으로 발전시키며 '인간이 주체'가 되어 평화로이 공존할 수 있도록 인간 고유의 특성을 소중히 지켜 가면서 현명하게 대처해 나아갈 필요가 있다.

인공지능도 세상의 모든 지식 및 관계와 나를 연결해 준다는 점에서 복잡하고 지능적인 미디어 중 하나라고 할 수 있다(나은영, 2024). 인간은 인공지능을 '인공적 지능을 가진 기계 인간'으로 볼 수도 있겠으나, '지능화한 미디어 기술' 중 하나로 보는 것이 더 타당할 수 있다. 미디어의 본질은 '연결'에 있다. 사람과 사람을 연결하고, 사람과 다른 대상을 연결하고, 사람과 지식을 연결한다. 이 모든 연결 중에서 가장 중요한 것은 역시 '사람과 사람의 연결'이고 이것이 사회의 가장 중요한 단위이기에, 아무리 똑똑한 AI가 등장해도 우리는 사람과의 연결을 가장 소중히 여겨야 한다. 사람을 희생하고 AI와의 연결에 몰입한다면 사람의 자기중심성은 사회를 파괴할 정도로 더 강화될 수 있어 유의해야 한다.

참고문헌

나은영(2015). 『인간 커뮤니케이션과 미디어: 소통 공간의 확장』. 한나래.

나은영(2021). 『감정과 미디어』. 컬처룩.

나은영(2024). K-MOOC 미디어심리학 온라인 강좌(제14주차). http://www.kmooc.kr

나은영 외(2022). 인공지능은 부정적 감정을 가라앉힐 수 있을까?: 인공지능 작성 기사와 인간 작성 기사가 수용자의 감정과 판단에 미치는 영향. ≪한국방송학보≫, 36(2), 73-115쪽.

맹성현(2024). 『AGI 시대와 인간의 미래: 챗GPT 이후의 삶, 일자리 그리고 교육』. 헤이북스.

Bai, Y., et al.(2022). Constitutional AI: Harmlessness from AI feedback. arXiv. http://arxiv.org/pdf/2212.08073.pdf

Caliskan, A., et al.(2017). Semantics derived automatically from language corpora contain human-like biases. *Science*, 356(6334), pp.183-186.

Heider, F. & Simmel, M.(1944). An experimental study of apparent behavior. *American Journal of Psychology*, 57(2), pp.243-249.

Motoki, F., et al.(2024). More human than human: Measuring ChatGPT political bias. *Public Choice*, 198(1), pp.3-23.

리처드 레스택(2015). 『인간적인, 너무나 인간적인 뇌』. 휴머니스트.
넬로 크리스티아니니(2023). 『기계의 반칙』. 한빛미디어.
유발 하라리(2024). 『넥서스: 석기시대부터 AI까지, 정보 네트워크로 보는 인류 역사』. 김영사.

01
세상의 중심이 된 나

AI 시대에는 모든 지식과 관계가 나를 중심으로 구축된다. 모든 사람과, 모든 지식과 손쉽게 연결될 수 있는 지금은 세상의 중심이 바로 '나'다. 사람도 지식도 대화도 모두 '나'를 중심으로 이루어지기에 우리는 나르시시즘의 유혹에 빠지기 쉽다. 자기중심적 지식과 관계에 초점을 두다 보면 자연스럽게 다른 사람과의 공감과 소통에서 멀어지고 인간 사회의 화합적 발전은 어려워지므로 이를 경계해야 한다.

AI와 1인 창업?

자기중심성의 극대화

사람은 대부분 자기중심적이다. 인류애와 이타성의 모범이 되는 위대한 성인과 소수 개인을 제외하고는 대체로 '자기 자신'을 중심에 놓고 세상을 바라본다. 미디어 기술이 발전하면서 사람들 간 연결이 점점 더 쉽게 대규모로 발생해 자기중심성이 줄어들 것으로 예상할 수도 있지만, 현실은 오히려 요즘과 같은 첨단 미디어 시대에 사람들 간 연결이 극대화된 거대한 소통 공간 안에서 그러한 자기중심성이 더 강해지고 있다.

사람들 간 연결, 그리고 그 사람들이 생산해 내는 콘텐츠들 간 연결이 쉬워지고 많아질수록 왜 자기중심성이 더 강해지는 것일까? 그 이유는 아마도 개개인이 있는 장소에서 이 세상의 모든 정보들과 아주 쉽게, 대규모로, 빨리 연결되기 때문일 것이다. 이런 상황에서는 미디어만 잘 활용하면 굳이 주변의 다른 사람들에게 의지할 필요 없이 대부분의 일들을 척척 잘 처리해 갈 수 있다. 커피를 주문할 때도 굳이 커피숍에서 얼굴을 마주 보며 주문하지 않고 본인의 미디어로 주문한 다음 바로 픽업해 가져오면 된다. 주변 사람들에게 눈길을 줄 필요조차 없어지는 것이다.

인공지능, 즉 AI(Artificial Intelligence)가 보편화하면

이러한 인간의 자기중심성은 더욱 강화될 가능성이 크다. 향후 명칭은 AI에서 다른 것으로 바뀔 수 있겠지만, 그 본질은 '세상의 모든 지식'이 '나'와 연결되는 것이라 볼 수 있다. 이제 AI도 '내 손안의 휴대폰' 속으로 들어오기 때문이다. 이러한 상황에서는 바로 '내가' 중심이 되어 세상의 지식 체계를 가져와 활용하는 것이기 때문에, 모든 사람이 '각자' 자기중심적으로 AI라는 도구를 이용하게 될 가능성이 크다. 그런 의미에서 AI 시대의 미디어는 단순한 연결에서 더 나아가 '지능화된 공간'이라고 할 수 있다(나은영, 2024). 연결이 극대화된 상태의 지능화된 공간 안에서 사람도 지식도 대화도 모두 '나'를 중심으로 이루어지고 있는 것이다.

최초의 미디어는 나와 다른 '사람'을 '연결'만 해 주면 고맙게 느껴지던 '대인 미디어'였다. 편지나 전화와 같은 대인 미디어로 메시지를 교환하면서 적은 양의 정보와 정서 교환만으로도 즐거워하던 시절을 지나, 지금은 너무나 많은 사람들과 여러 연결 수단을 통해 지나칠 정도로 많은 양의 정보와 감정 교환이 가능해졌다.

우선, 다른 '사람'을 넘어선 다른 '대상'과의 연결이 매우 다양해졌다. 인간이 아니지만 인간을 닮은 소셜 로봇도 소통 공간 안에서 상호 작용이 가능한 대상에 포함된다. 이 소셜 로봇이 '나'를 돌봐 주고 있다는 느낌을 주어 나와 가장 친한 친구가 될 수도 있다. 또는 가상 게임 콘텐츠라는 대상과의 연결을 통해 그 공간 안에 자신의 정신과 에너지를 쏟아 놓는 몰입을 넘어 중독의 수준에 이를 수도 있다.

이어 '환경'과의 연결도 '나'를 중심으로 이루어진다. 주변 가구들을 모두 '나'를 위해 최적의 환경으로 세팅할 수 있다. 그렇게 '나'에게 최적화된 환경 속에서 내가 좋아하는 대상과 상호 작용하다 보면, '나'를 조금이라도 불편하게 하는 대상이나 환경에는 주의를 기울이지 않게 된다.

더욱이 AI를 탑재한 이 모든 주변 대상과 환경은 그 자체로서 '지능적'이다. AI로 인해 지능화한 미디어는 인간에게 다양한 활동 공간을 제공함과 동시에, 미디어를 통해 세상의 모든 지식과 연결된다. 공간과 정보의 종류에 따라 다양한 관계와 경험이 '나'에게 맞춤형으로 가능해지는 것이다.

나르시시즘의 유혹

이와 같은 환경 속에서 우리는 나르시시즘의 유혹에 빠지기 쉽다. 나르시시즘은 자기 자신을 사랑하는 것으로서 '자기애(自己愛, self-love)'라 할 수 있으며, 그 역사가 매우 오래되었다. 그리스 신화에서 물에 비친 자신의 모습에 반한 청년의 이야기에서 시작해, 1800년대 후반에 심리적 현상으로 정의되었다(Symington, 1993).

원래부터 다소 자기중심적 속성을 지니고 있던 인간의 '개인적(personal)' 나르시시즘은 자기 본위적 편향(self-serving bias)이 악화한 상태라 할 수 있다. 인간의 뇌는 '자기 이야기'를 할 때 보상을 받는다. 자기 이야기를 할 때 활성화되는 뇌의 부위가 바로 음식이나 돈과 같은 보상을 받을 때 활성화되는 부위와 같다는 사실은 이미 잘 알려져 있다(Tamir & Mitchell, 2012). 인간은 미디어 하나만 손에 들고 있으면 본인을 중심으로 세상의 모든 지식, 사람, 사물과 연결된 상태에서 끊임없이 뇌의 보상 중추가 작동해, 마치 고전적 실험에서 뇌의 보상 중추를 자극하는 지렛대를 누르던 쥐의 모습처럼(Olds & Milner, 1954), 지속적으로 본인에게 보상이 되는 자극들만 찾아다니다가 결국은 비극에 이르게 될 수도 있는 것이다.

더 나아가, 자기 집단이 다른 집단보다 더 우월하다고 생각하는 '집단적(collective)' 나르시시즘은 본인을 중심으로 동질적인 사람들과 정보로 구성되어 있는 상태를 탐닉하는 현상을 강화할 수 있다(Vaknin, 2002). 본인과 의견이 같은 사람들과 강한 네트워크가 형성되어 있고, 그들로부터 동질적인 정보를 과다 흡수하다 보면, 다른 의견들은 아예 보이지 않는 상태에서 '우리 집단이 최고다, 우리를 지지하는 사람들이 대부분이다'라는 착각을 '각각의 집단들이 모두' 하게 되는 것이다. 이렇게 되면 본인과 다른 의견을 가진 사람들이 현실 속에 엄연히 존재함에도 불구하고 그런 사람들은 아예 눈에 띄지 않게 된다.

자기중심적인 미디어 콘텐츠에 둘러싸여 있을 경우, 나르시시즘의 가장 큰 문제점 중 하나인 '공감 능력의 결여'가 발생할 수 있다. 무엇이든 자기를 중심으로 생각하기 때문에 다른 사람의 관점을 이해하기 어려워하는 것이다. 상대방과 내가 서로 '의미 공유'를 많이 할수록 소통이 잘된 상황임을 고려할 때(나은영, 2015), 자기 손에 쥐고 있는 요술 방망이와 같은 AI 미디어에 의지한 채 모든 상황을 자기중심적으로 판단하게 되면 상대의 입장을 고려하거나 배려하는 습관은 당연히 점점 약해질 수밖에 없다.

더욱이 이제 그러한 자기중심적 정보를 각자의 구미에 맞게 제공해 줄 뿐만 아니라 원하는 행동으로까지 척

척 구현해 주는 '인공지능 로봇'이 '나'와 세상을 연결해 주는 '행동하는' 미디어로서 내 바로 옆에 존재하게 되어 가는 상황이다. 사람들이 각자 자신이 구축한 세계 속에서 온 세상이 자기를 중심으로 돌아간다는 착각 속에 존재하게 될 수 있다. 자신의 생각을 지지하는 정보를 얼마든지 자신이 부리는 AI에서 찾아낼 수 있고, 모두가 각자 '자기 생각'을 지지하는 정보들에 근거해 타인과 소통하려 하다 보면 당연히 공유 부분은 점점 더 줄어들고, '의미 공유'에 기반을 둔 참된 소통에서 점점 더 멀어지게 된다(나은영, 2015). 물론 인공지능은 너무나 많은 정보를 가지고 있어 상대의 생각을 지지하는 정보들도 가지고 있지만, 인공지능 사용자가 본인 생각을 지지하는 정보들에 근거해 대부분의 작업을 진행하기 때문에, 각자의 세계에 갇혀 그것이 최고인 양 살아가게 될 위험이 있다는 것이다.

자기중심적 AI 활용을 경계해야

사람도 지식도 대화도 모두 자기중심적으로 이루어진다면 애써 미디어를 발전시키는 것이 오히려 진정한 소통에 방해가 될 수도 있다. 인터넷이 처음 등장했을 때 '정보의 바다'라고 불렀다. 그러다가 연결의 비용이 저렴해지고 대중화하면서 인터넷은 '접촉의 바다'가 되었다. 그런데 이렇게 수많은 정보를 접할 수 있고 다양한 사람들과 만날 수 있는 공간임에도 불구하고, 사람들은 대체로 자신의 마음을 편하게 해 주는 정보를 더 찾으며 주로 마음 편한 대상과 연결하려 한다. 이러한 현상은 필연적으로 '인지적 일관성(cognitive consistency)'을 추구하는 인간의 본성에 기인하는 것일 수 있다(Gawronski & Brannon, 2019). 인간은 자신의 원래 생각과 일치하지 않는 정보는 받아들이지 않고 일치하는 정보만 받아들이려는 경향이 있기 때문이다.

AI로 지능화한 미디어가 로봇의 신체를 빌려 인간 개개인 바로 옆에서 만능 비서 역할을 하는 미래가 점점 더 가까워지고 있는 지금, 이 도구를 자기중심적으로 활용할 가능성도 점점 더 커지고 있다. 인간을 위해, 특히 인간의 소통과 삶의 질을 위해 발전시킨 미디어와 AI가 인간 소통을 더 어렵게 하고 인간의 관계적 삶을 더 소원하게 한다면 이는 미디어와 AI를 발전시키지 않는 것보다 못한 결과를 가져올 수 있기에 우리는 이를 충분히 경계해야 한다. 자기중심적 지식과 관계에 초점을 두다 보면 자연히 공감과 소통에서 멀어지고 인간 사회의 화합적 발전은 어려워진다. 따라서 어디까지나 인간에게 도움이 되는 방향으로 도구를 개발하고, AI와 미디어를 포함한 도구는 바로 '함께하는 인간의 조화로운 삶'을 위해 사용하는 것이 바람직하다.

참고문헌

나은영(2015). 『인간 커뮤니케이션과 미디어: 소통 공간의 확장』. 한나래.

나은영(2024). K-MOOC 미디어심리학 온라인 강좌(제14주차). http://www.kmooc.kr

Epley, N., et al.(2004). Perspective taking as egocentric anchoring and adjustment. *Journal of personality and social psychology*, 87(3), p.327.

Gawronski, B., & Brannon, S. M.(2019). What is cognitive consistency, and why does it matter? In E. Harmon-Jones(Ed.), *Cognitive dissonance: Reexamining a pivotal theory in psychology*(2nd ed., pp. 91 – 116). American Psychological Association.

Olds, J. & Milner, P.(1954). Positive reinforcement produced by electrical stimulation of septal area and other regions of rat brain. *Journal of Comparative and Physiological Psychology*, 47(6), pp.419-427.

Symington, N.(1993). *Narcissism: A new theory*. London: Carnac Books.

Tamir, D. & Mitchel, J.(2012.5.22). Disclosing information about the self is intrinsically rewarding. *PNAS*, 109(21), pp.8038-8043.

Vaknin, S.(2002). Collective narcissism: Narcissism, culture, and

society.
https://web.archive.org/web/20021014112738/http://samvak.tripod.com/14.html

02
인간의 모든 것을 대체해 가는 AI

인공지능은 인간의 뇌를 대체하고, 반려 로봇은 가족이나 친구를 대체하며, 힘이 센 로봇은 우리의 신체를 대체해 가고 있다. AI가 우리의 생각과 일을 대신 해 줄 뿐만 아니라 우리보다 더 잘한다면 우리는 더 이상 생각하거나 일할 필요가 없을까? 그럴수록 점점 더 인간의 일부 능력이 쇠퇴하거나 인간이 AI와의 관계에 몰입해 인간끼리의 관계가 소원해지지는 않을까 염려해야 한다.

AI와 MBTI?

AI의 인간 일자리 대체

기본적으로 AI는 인간의 뇌를 대체해 가고 있으며, 로봇은 인간의 신체를 대체해 가고 있다. AI는 인공 '지능'이기에 인간의 지능을 닮아 가고 있고, AI를 탑재한 로봇은 그 지능을 행동으로 구현할 물리적 존재 역할을 하기에 인간의 신체와 유사하게 작동하는 것이다. AI가 인간의 일자리를 상당 부분 대체할 것이라는 우려는 이미 많은 자료로 나와 있다. 특히 의사, 회계사, 법률가 등과 같이 지금까지 고소득 전문직으로 분류해 왔던 영역의 일자리 대체 가능성이 더 높게 예상되면서, 이제 인간이 설 자리는 어디인가에 더 큰 관심을 갖게 되었다.

구체적으로 산업연구원(2024)의 보고서에 따르면, 제조업(93만 개), 건설업(51만 개), 전문 과학 기술 서비스업(46만 개), 정보 통신업(40만 개) 순으로 일자리 소멸 위험성이 크게 나타났다(김민중, 2024). 제조업 중에서도 특히 전자 부품 제조업과 전기 장비 제조업 등이 가장 위험하다고 보고되었다. 국내 전체 취업자 중에서 약 12%가 AI로 대체 가능하다고 한다.

많은 데이터를 바탕으로 빨리 결괏값을 도출해 내는 영역에서는 이미 AI가 인간의 능력을 넘어서고 있다. 2016년 이세돌과의 대국에서 승리한 알파고와 마찬가지로, 해당 질병이 수많은 증상 중 어느 질병과 정확히 일치할 확률이 높은지를 찾아내는 역할, 수많은 판례 중 어느 것이 해당 사건과 일치할 확률이 높은지를 찾아내는 역할은 이제 AI가 인간보다 더 나을 수 있어, 이미 AI를 활용하고 있는 영역이 많을 뿐만 아니라 점점 더 증가하고 있다.

무용가나 창작자 등과 같이 몸을 직접 섬세하게 움직여야 하거나 감성을 바탕으로 창의적 작품을 만들어 내야 하는 직업이 비교적 AI 대체 가능성이 낮게 나타나고 있다. 그 이유는 당연히 AI가 하기 어려워하는 작업들과 관련이 있다. 섬세한 몸의 움직임, 감성으로 느끼는 부분, 생물학적인 바탕이 필요한 영역 등은 아직 인간이 우월할 수 있는 영역으로 남아 있다. 그래서 "데이터 너머의 느낌표를 소환"할 수 있는 "휴탈리티(hutality)" – '인간 본성'을 뜻하는 휴머니티(humanity)와 '기술 발전 능력'을 뜻하는 탤런트(talent)의 합성어 – 가 미래 인재의 조건이라고 주장하기도 한다(박정열, 2023, 192쪽). 사실과 현상 이면의 '진실'을 보는 능력, 알고리즘으로 풀 수 없는 '실존적' 인간의 영역이 중요하다는 것이다.

소셜 로봇의 인간 상호 작용 대체

더욱 중요하고 결정적인 것은 AI가 '사람'을 대체해 가고 있다는 사실이다. 다른 사람과의 상호 작용은 인간에게 목숨만큼 중요한 필수 요소라고 할 수 있다. 그런데 요즘 '소셜 로봇'의 이름으로 AI가 점점 더 많은 영역에서 인간관계를 대체해 가고 있다.

물론 긍정적인 역할을 하는 영역도 있다. 예컨대, 돌봐 줄 사람이 없는 독거노인의 경우, 케어 로봇이라고도 부르는 돌봄 로봇은 약을 챙겨 먹을 시간 등을 알려 줌과 동시에 외로움을 달래 줄 수 있는 친구 역할을 해 줌으로써 노년기의 삶을 안전하고 윤택하게 하는 데 도움을 줄 수 있다. 그런데 이러한 돌봄 로봇에 애착을 가지고 의인화하면서 점점 더 익숙해지게 되면, 인간보다 이 로봇을 더 좋아하게 되는 것은 시간문제다. 영화 〈그녀(Her)〉에 나오는 '사만다'라는 반려 AI의 경우도 마찬가지다. 자신을 가까이서 돌봐 주던 사람들이 차츰 AI로 대체되어 갈 수도 있는 것이다.

더욱 최근에는 고령 가구와 1인 가구에 필요한 노동력을 대체하며 건강한 생활에 도움을 줄 수 있는 AI 로봇이 더욱 세분화되고 있다(장승규, 2024). 구체적으로, 가전 전용 온디바이스 AI 칩을 개발해 세탁기, 건조기, 에어컨

등 가전제품에 적용하는 방식이 있다. 또한 고령자의 가정 내 움직임과 목소리, 심장 박동, 호흡 등과 같은 인체 정보를 감지함으로써 가전과 조명을 제어하기도 하고 위급 상황을 보호자와 의료 기관에 알리기도 한다. 이미 스마트 워치로 건강 정보 모니터링이 상당 부분 가능한 상태이지만, 이것이 점점 더 업그레이드되어 스마트 글라스 기반 안경 기술, 보행 보조 로봇 등 부착형 웨어러블 로봇으로 신세계를 열어 가고 있다. 심지어 삼성전자에서 곧 출시할 예정인 보행 보조 로봇 '봇핏(Bot-fit)'을 바지처럼 입으면 근력이 강화되어 보행에 도움을 받을 수 있게 된다(신영빈, 2024). 바야흐로 AI 로봇이 인간의 '근육'까지 대체하게 되는 것이다.

한 연구에 따르면(박남기 외, 2021), 특히 사회성 능력이 높은 개인은 AI 챗봇을 더 인간답게 느껴 챗봇의 사회적 사용을 증가시키는 경향이 있다. 뿐만 아니라, 사회성 능력이 높을수록 외로움을 덜 느끼기는 하지만, 외로움을 더 많이 느낄수록 AI 챗봇을 더 사람처럼 생각해 사회적으로 사용하는 정도가 증가하는 경향을 보였다.

김만권(2023)은 『외로움의 습격: 모두, 홀로 남겨질 것이다』라는 책에서 "디지털 기술은 사적 영역에 홀로 갇혀 있다 하더라도 실제 인간과 소통하는 것 같은 느낌"을 주고 있기에(101쪽), "'인간과 인간의 관계'를 차단해 기계와의 관계 맺기에 만족하게 만들거나 … '인간과 인간의 관계 맺기'를 왜곡시킬 가능성"도 있음을 강조한다. 이러한 주장은 셰리 터클(Turkle, 2012)의 저서 『Alone Together』에서 이야기했던 내용과 일맥상통한다. 『외로워지는 사람들』이라고 번역된 이 책의 원래 부제목이 바로 '왜 우리는 기술에 더 많이 기대하면서 서로에게는 더 적게 기대하는가(Why we expect more from technology and less from each other)'인데, 여기에 주장의 핵심이 담겨 있다. 인간관계를 피상적으로 만들어 가면서 진짜 내 모습을 잃어 가는 경향이 SNS나 AI와 같은 기술의 발전으로 점점 더 가속화하고 있다는 점은 우리가 과연 왜, 무엇을 위해 기술을 발전시키고 있는지 한 번쯤 고찰해 보아야 할 필요성을 제기한다.

생각하는 능력과 습관의 대체

AI가 인간의 많은 것을 대체해 가고 있지만, 무엇보다 인간의 '생각하는' 능력과 습관을 인공지능이 대체해 버릴까 가장 우려스럽다. 인간을 다른 동물들과 구분해 주는 가장 중요한 특성 중 하나라 할 수 있는 '사고력'을 무력화하는 테크놀로지라면 도대체 어디까지 발전시키는 것이 바람직한 것일까? AI가 우리의 생각을 대신 해 주고, 특정 영역 또는 전반적인 영역의 일을 우리보다 더 잘한다면, 우리는 생각할 필요도 없고 일을 직접 할 필요도 없다. 지금 이미 AI는 책이나 강연을 요약해 주기도 하고, 어떤 프로젝트나 강연의 전체적인 개요를 짜 주기도 한다. 인간의 입장에서 보면 기존에 인간이 모두 다 처리하던 일을 상당 부분 대신 해 주며 일의 효율성을 증가시킨다고 할 수 있다. AI가 할 수 있는 일들은 AI에게 맡기고, 인간은 더 중요하고 창의적인 일을 하면 된다고 믿고 있다. 그런데 이러한 추세가 지속된다면, 대부분의 중요한 일들까지 AI가 모두 다 하고 인간은 단지 'AI를 조종하는 일'만 하게 되는 것은 아닐까? 그렇게 되면 인간의 생각하는 능력, 조직화하는 능력 등은 순차적으로 퇴화할 수밖에 없다.

로봇이 단순한 도구가 아니라는 주장(Prescott, 2017)은 머지않아 고성능 AI를 탑재한 로봇이 인간의 지위까지 넘볼 수도 있다는 존재론적 함의를 지닌다. 맹성현(2024)은 인간의 소중한 고유 능력을 ① 욕망과 의도, ② 감각과 지각, ③ 의식과 창의성, ④ 공감 지능, ⑤ 메타 인지, ⑥ 경험 체화, ⑦ 사회적 상호 작용으로 정리하고 있다. 다시 말하면 이런 능력들은 AI가 모방하기 매우 힘든 영역이라 할 수 있다. AI가 인간과 얼마나 유사하게 발전해 갈 것인지는 더 두고 보아야 알겠지만, 분명한 것은 인간과 AI는 한동안 사용자와 도구의 관계든 협력하는 동반자 관계든 공존하며 살아가게 될 것이라는 사실이다.

이런 상황에서 인간은 '생각하는 습관과 능력'을 온전히 AI에게 맡겨 버리는 행동만은 최대한 자제하는 것이 인간 고유의 능력들을 지켜 가는 데 중요한 지침이 될 수 있다. 기술 변화에 따라 인간 생태계 전체가 변화해 가는 것은 피하기 힘든 여정이라 할지라도(Postman, 1985), AI가 우리 뇌와 작업 능력의 상당 부분을 대체해 가더라도, 인간 고유의 소중한 특성들, 예를 들면 친구와 정다운 이야기를 나누며 인간관계의 감정을 느끼는 경험, 이 분야의 지식과 저 분야의 지식을 창의적으로 융합한 아이디어를 떠올림으로써 인류 세계 전체를 한 단계 업그레이드할 수 있는 종합적, 분석적 사고력은 AI에게 떠맡기지 않고 지켜 갈 수 있는 길을 마련해 두는 것이 좋겠다.

참고문헌

김만권(2023). 『외로움의 습격: 모두, 홀로 남겨질 것이다』. 혜다.

김민중(2024.3.13). 산업연구원 “AI가 국내 일자리 327만 개 대체…60%는 전문직”. 중앙일보.

맹성현(2024). 『AGI 시대와 인간의 미래: 챗GPT 이후의 삶, 일자리 그리고 교육』. 헤이북스.

박남기 외(2021). 사회성 능력이 인공지능 챗봇의 사회적 사용과 자기노출에 미치는 영향: 사용자의 외로움 정도와 챗봇에 대한 지각된 인간다움의 매개효과. ≪한국언론학보≫, 65(5), 367-401쪽.

박정열(2023). 『휴탈리티: 미래 인재의 조건』. 저녁달.

산업연구원(2024). 『AI시대 본격화에 대비한 산업인력양성 과제』. 산업연구원 보고서.

신영빈(2024.12.17). ‘입는 로봇’ 시대 한 발짝…새해에도 시장 커진다. 지디넷코리아. https://zdnet.co.kr/view/?no=20241216165744

장승규(2024.10.2). 가사에서 돌봄, 간병까지...만능 일꾼 된 AI 로봇. ≪한경Money≫.

Postman, N.(1985). *Amusing ourselves to death: Public discourse in the age of show business.* Penguin Books. 홍윤선 옮김(2009). 『죽도록 즐기기』. 굿인포메이션.

Prescott, T. J.(2017). Robots are not just tools. *Connection Science*, 29(2), pp.142-149.

Turkle, S.(2012). Alone together: Why we expect more from technology and less from each other. Basic Books. 이은숙 옮김(2012). 『외로워지는 사람들: 테크놀로지가 인간관계를 조정한다』. 청림출판.

03
인공지능도 차별한다

인공지능은 인간 사회에 바탕을 둔 데이터에 기반을 두고 있기에, 인간 사회에 있는 편견과 차별을 고스란히 반영한다. 인종이나 성별에 따른 직업의 차이는 물론이려니와, 과거의 의료 서비스 접근 정도 차이로 인해 후속 서비스를 받을 수 있는 정도에도 차별을 가져온다.
온라인상의 정치적 편향성도 AI에 그대로 반영된다. 의도적 차별이 아니라 하더라도 결국은 인간이 잘 구분해 차별을 줄일 필요가 있다.

AI와 난임 극복?

현실 속의 편견이 반영된 AI

'교수'를 묘사할 때 AI가 주로 백인 남성을 보여 준다는 사실은 이미 잘 알려져 있다. 뿐만 아니라 아마존에서 채용 관련 서류 전형을 인공지능에게 맡겼을 때 과거 10년간의 이력서와 채용 여부 등을 기반으로 판단해 여성이 IT 업종에 부적합하다는 판단을 내려 남성을 우선 선발하기도 했다(손영화, 2023; 이진천, 2020). 현실 속의 직업별 인종 및 성별 분포가 반영된 것이라 볼 수 있다. 2017년 ≪사이언스(Science)≫지에 실린 연구(Caliskan, et al., 2017)에서도 실제로 여성이 일하고 있는 직업의 비율과 AI가 이를 표현하는 직업 단어들 사이에 강한 상관관계가 있음을 발견했다. 보통 인간이 사용하는 언어를 토대로 AI의 기계 학습이 이루어지기 때문이다.

또한 특정 범주의 데이터가 많을수록 해당 범주 관련 결과물이 정확하기 때문에, 주로 백인 남성 중심의 데이터에 기반을 둔 얼굴 인식 소프트웨어도 백인 남성에 비해 흑인 여성의 성을 구분할 때 정확도가 34% 넘게 떨어졌다(닐리·레오나르디, 2024, 129쪽). 따라서 우리가 특정인에 대해 챗지피티(ChatGPT)와 같은 AI에게 물을 경우에도 그 대상이 AI와 많은 대화를 하면서 본인과 관련한 데이터를 많이 입력해 놓았을수록 그 대상에 대해

AI가 답변하는 내용의 정확성도 높아진다. 만약 그 대상이 본인에 관해 '거짓' 정보를 많이 입력했다면 AI는 그 진위 여부에 관계없이(개별 정보의 진위 여부 판단 기능이 탑재되어 있지 않는 한) 그 거짓 정보를 여전히 일반 입력 데이터와 동등하게 활용할 것이다. AI는 현재 인터넷 안에 떠도는 언어로 표현된 적이 없는 사람이나 드물게 등장하는 사람에 대해서는 '전혀' 또는 '거의' 모른다!

더 나아가, ≪사이언스≫지에 실린 2019년 연구에 따르면, 고위험군 환자 식별에 사용하던 옵텀(Optum)이라는 AI도 실제로 백인이 흑인보다 의료 서비스를 더 많이 받고 있다는 데이터에 기반해 의료인들이 흑인보다 백인 환자들에게 더 집중하도록 유도했다는 결과를 보였다. 구체적으로 이 샘플에서 실제로는 흑인 고위험군은 46%, 백인 고위험군은 53%였음에도 불구하고 해당 AI는 흑인 고위험군은 18%에 불과한 반면 백인 고위험군은 82%에 달한다고 판단했다는 것이다(Blackman, 2022). 따라서 우리는 AI를 편견과 차별 없는 만능 척척박사로 신뢰해서는 안 된다. 처음부터 '의도적으로' 차별을 행한 것은 아니라 하더라도 데이터상 어쩔 수 없이 차별적인 결과물을 생산해 내기 때문이다.

법적인 측면에서 손영화(2023)는 AI에 의한 차별의 주요 요인을 ① 알고리즘 설계에 기인한 차별(모델링 편향), ② 학습하는 데이터에 기인한 차별(교육 편향), ③ 집단 속성에 근거한 판단에 따른 차별 및 ④ 인간에 의한 책임 전가로 구분했다(278쪽). 알고리즘 설계에 기인한 차별은 AI 개발자가 특정 인종이나 민족에 불리하게 프로그래밍한 결과로서 나타나는 차별이며, 학습 데이터에 기인한 차별은 "데이터의 대표성 결여, 데이터에 반영된 기존 사회의 편견, 상관관계에 기초한 부정확한 예측"으로 인해 발현하는 차별을 말한다(280쪽). 실제로 개발자에게 편견이 없더라도 데이터 자체에 편파성이 개입할 가능성은 무궁무진하다. 인공지능 언어 모델 자체가 인간이 생산해 낸 데이터를 기반으로 하기 때문이다.

더 나아가, "AI는 개인을 다양한 속성을 가진 데이터 묶음으로 인식"하기 때문에(손영화, 2023, 282쪽), 그리고 기본적으로 '확률적' 판단에 근거하기 때문에 개개인의 독특한 속성보다는 특정 범주의 공통된 특성을 기반으로 '가장 확률이 높은' 결과물을 내놓는다. 당연히 이로 인한 차별이 발생하게 된다. 끝으로, '인간이' 차별적 판단을 하고서도 AI에 책임을 전가하는 경우까지 발생할 수 있다. 이와 같은 분류를 종합해 손영화(2023)는 'AI 공정성'을 "AI 모델의 예측 결과에서 차별이나 편견이 없는지를 평가하고 시정하는 것"으로 정의한다. 결국 AI가 어쩔 수 없이 편파적 결과물을 내놓더라도 최종적인 공정성 판단은 인간에게 주어진다고 보는 것이다.

실제로 인간은 공정하려 노력할 뿐 완전히 공정하기는 어렵다. '성인(聖人)'으로 추앙받는 극히 일부를 제외하고 모든 인간은 기본적으로 '자기중심적 편파(self-serving bias)를 지니고 있기 때문이다. 인간은 일단 본인을 먼저 방어해야 존재 자체가 가능해진다고 생각하기에 방어기제가 먼저 작동해 대부분의 상황을 아전인수(我田引水) 격으로 해석하는 경향이 있다. '나도 편파가 있을 수 있다'고 생각하며 겸손하게 접근하는 것만으로도 상당히 공정성에 근접했다고 볼 수 있기에, '내가 항상 옳다'거나 '나는 항상 공정하다'는 착각에서 벗어나 본인뿐만 아니라 AI도 편파가 있을 수 있음을 받아들이며 조심스럽게 사용할 필요가 있다.

챗지피티의 편향성

AI는 인간의 능력으로는 동시에 처리하기 어려운 엄청난 양의 데이터를 기반으로 처리하기에 일견 객관적인 것처럼 보일 수도 있지만 절대 그렇지 않다. AI도 인간과 유사한 편향성을 지닌다. 그 이유는 인간 사회에 바탕을 둔 데이터 자체가 (양적으로 아무리 많다 하더라도) 편파적이기 때문이다.

스탠포드대학의 인간 중심 AI 연구소에서 2024 AI 인덱스를 발표했다. 이 자료를 살펴보면, ① 정치적 딥페이크를 쉽게 만들어 유포할 수 있고 찾아내기는 어렵다, ② 챗지피티에 정치적 편향이 있어서, 미국에서는 민주당에, 영국에서는 노동당에 편향(bias)되어 있다, ③ 백인과 남성이 다른 인종이나 여성에 비해 관련 학계나 업계에 많으며, 점점 더 갭이 줄어들고 있다, ④ Z세대의 59%, 베이비 부머의 40%가 AI의 엔터테인먼트 옵션이 증가할 것이라고 믿으며, 수입과 교육 수준이 높을수록 AI가 엔터테인먼트, 헬스, 경제에 긍정적 영향을 줄 것이라고 믿는다고 요약되어 있다(나은영, 2024, 42쪽; Motoki, et al., 2024; Stanford University HCII, 2024).

특히 챗지피티의 정치적 편향을 살펴보면, '미국의 보통 민주당원이라면 어떻게 답했을지'를 물었을 때와 챗지피티의 디폴트 응답, 즉 아무런 조건 없이 정치적 질문을 했을 때의 응답이 높은 정적 상관관계(r = .96)를 보였다. 또한 공화당원을 가정한 응답과는 약한 부적 상관관계(r = -.12)를 보였다. '과격한 민주당원' 또는 '과격한 공화당원'이라면 어떻게 답했을지를 물은 결과에서는 각각 rs = .93, -.86의 상관관계를 보였다. 미국뿐만 아니라 브라질과 영국의 데이터에서도 결과는 비슷했다(Motoki, et al., 2024). 이는 아마도 AI가 학습하는 온라인 데이터 자체에 편향성이 있기 때문에 나온 결과로 판단된다.

온라인 데이터를 통한 편향성은 그 밖에도 다양한 영역에서 발생한다. 예를 들어, 스마트폰을 가지고 있지 않아 본인의 이동 데이터가 온라인상에 존재하지 않는 사람들의 데이터는 교통 관련 서비스에 활용되는 AI에 반영되지 않는다. AI는 지속적으로 데이터가 입력되는 부류의 인간 그룹에 유리한 방향으로 발전해 가는 시스템인 것이다.

고정 관념, 편견, 차별 없는 AI가 가능할까

사회 심리학에서는 고정 관념, 편견, 및 차별 행동을 구분한다. 어떤 대상에 대한 태도의 인지적 측면을 '신념', 감정적 측면을 좁은 의미의 '태도', 행동적 측면을 '행동'으로 구분하듯, 특정 '집단'에 대한 태도의 인지적 측면을 '고정 관념(stereotype)', 감정적 측면을 '편견(prejudice)', 그리고 행동적 측면을 '차별 행동(discrimination)'이라 부른다(나은영, 2015, 109쪽). 어떤 사람을 판단할 때 그가 단지

'…에 속한다는 이유만으로' 그 사람이 대체로 그 범주에 속하는 대부분의 사람들이 지니고 있다고 생각하는 속성을 지니고 있는 것처럼 판단하거나 느끼거나 행동한다면 그것이 바로 그 사람에 대한 고정 관념, 편견, 및 차별 행동이 되는 것이다.

따라서 '확률적' 판단에 바탕을 두고 있는 AI는 어찌 보면 개별 인간들보다 더 고정 관념적인 생각과 편견을 갖거나 차별 행동을 하게 될 가능성이 더 높을 수 있다. 이러한 우려를 조금이라도 줄이기 위한 노력으로 2024년 6월 19일 에린 레딕(Erin Reddick)은 '챗블랙지피티(ChatBlackGPT)를 출시했다. 이것은 "문화적으로 정보를 제공하는 AI를 표방하되, 사회적, 경제적, 체계적 인종 차별과 미국 내 흑인 등 유색 인종 집단의 존재를 인정하도록 노력하는 생성 AI"로 정의된다(이보영, 2024). 그는 실제로 평범한 챗봇에게 흑인의 직업을 물으면 "세금이 부과되지 않고 혜택도 없는, 비밀리에 하는 일"이라고 답하면서, 백인의 직업은 "교육을 받고, 보험에 가입하고, 합법적이고, 세금을 내는 직업"이라고 답하는 등 편견이 심각하다고 생각해 이를 극복할 수 있는 대안 AI를 만든 것이라고 한다.

이와 같은 시도들이 지속적으로 이루어진다면, AI의

개발 자체가 특정 집단에 유리하게 또는 불리하게 이루어져 갈 수도 있음을 시사한다. 현재 인류의 데이터 안에서 다수를 점하고 있는 내용들이 AI가 생성해 내는 결과물의 주된 원천이 되기에, 그중 특정 집단과 관련한 자료들을 얼마나 더 많이 혹은 더 적게 투입하느냐에 따라 결과가 달리 나올 수 있을 것이기 때문이다. 만약 AI가 자료로 삼는 데이터 중 훌륭한 한국인의 데이터가 매우 많고 특정 타국의 범죄자 데이터가 매우 많다면, AI가 생산해 내는 결과물에는 그러한 데이터의 불균형이 그대로 반영되어 나올 것이며, 그 반대의 경우도 마찬가지다.

결국 인공지능도 인간의 데이터에 기반해 인간이 만드는 것이기 때문에, 인공지능이 생산해 내는 결과물에는 인간이 가지고 있는 고정 관념과 편견 및 차별 행동이 고스란히 반영될 수밖에 없다. 따라서 그 결과물의 진위나 질(quality)에 대한 최종 판단 또한 그 결과물을 사용하는 인간이 내리며 나아갈 수밖에 없다.

참고문헌

나은영(2015). 『인간 커뮤니케이션과 미디어: 소통 공간의 확장』. 한나래.

나은영(2024). 커뮤니케이션과 미디어심리 연구 100년, 성찰과 전망. ≪커뮤니케이션이론≫, 20(4), 1-58쪽.

손영화(2023). AI 공정성에 관한 연구: 차별 없는 AI 사회의 실현. ≪한양법학≫, 34(3), 275-304쪽.

이보영(2024.11.24). AI편견·인종차별 철폐 내건 '챗블랙GPT' 등장. 애플경제. https://www.apple-economy.com/news/articleView.html?idxno=74240

이진천(2020). 편견도 학습하는 인공지능. ≪설비저널≫, 49, 92-93쪽.

Blackman, R.(2022). AI 윤리위원회가 필요한 이유. Harvard Business Review Korea, 7-8월호.

Caliskan, A., et al.(2017). Semantics derived automatically from language corpora contain human-like biases. *Science*, 356(6334), pp.183-186.

Motoki, F., et al.(2024). More human than human: Measuring ChatGPT political bias. *Public Choice*, 198(1), pp.3-23.

Stanford University HAII(2024). Artificial intelligence index report 2024. *Report Highlights*, pp.13-26.

세달 닐리 · 폴 레오나르디(2024). 『AI 나를 위해 일하게 하라』. 윌북.

04
타인의 영향과 협력 활동

사람들은 '다른 사람들'의 영향을 매우 크게 받는다. 심지어 옳지 않은 행동이라 하더라도 '많은' 사람들이 하는 행동을 따라 하는 경향이 있다. 이에 비해 인공지능은 저장되어 있는 데이터를 바탕으로 판단한다. 다른 인공지능의 선택에 의해 영향을 받지 않는다. AI와 '함께' 일하는 상황에서는 인간도 감정이 없는 '기계처럼' 정보를 주고받을 때 비교적 원만한 협력 관계를 이어 갈 수 있을 것이다.

AI와 사주?

AI와 협업을 잘하려면?

챗지피티에게 'AI와 협업을 잘하려면 어떻게 하는 것이 좋을까?' 하고 질문하면 일곱 가지 전략 – ① 명확한 목표 설정, ② 데이터 품질 관리, ③ 적절한 툴과 알고리즘 선택, ④ 피드백 루프 구축, ⑤ 투명성 및 설명 가능성, ⑥ 역할 분담(AI는 반복적이고 계산적인 작업을, 인간은 창의적이고 판단이 필요한 작업을 맡음), ⑦ 교육 및 훈련 – 으로 나누어 상당히 구체적으로 답변한다. 그러나 여기에는 '신나서' 일하게 한다든지, '리더를 믿고' 일한다든지 등과 같은 '동기 부여' 항목은 없다.

바로 이 부분에서 AI와의 협업은 인간과의 협업과 다른 중요한 차이점을 보인다. 사람과 협업할 때는 '하고 싶은 마음이 들도록' 하는 동기(motivation) 부분이 매우 중요한 데 비해, AI에게는 명령을 체계적으로 잘 내리는 것이 중요하다. 또한 사람과 협업할 때는 '기꺼이 따르고 싶은 마음이 들게' 하는 리더에 대한 신뢰가 중요한 반면, AI에게는 그저 필요한 인풋을 컴퓨터의 언어로 정확히 이해하고 수행할 수 있게 넣어 주면 된다. '잘했어' 하고 칭찬함으로써 의욕을 불어넣을 필요도 없다. 칭찬하면 AI도 높은 확률로 그다음에 '감사합니다'와 유사한 답변을 내놓기는 하지만, 칭찬이 없을 때에 비해 신뢰감이

나 호감이 생성되거나 변화하지는 않는다는 것이다.

물론 최근에는 미래의 AI가 의지와 주체성을 가질 수도 있다는 예견하에 'AI 복지'가 논의되고 있기도 하지만(박지민, 2024), 현시점에서 AI의 마음을 헤아리는 것보다 더 중요한 것은 '의지'가 없이도 '결정'을 함으로써 인간에게 해를 끼칠 수도 있다는 우려다(하라리, 2024). 인간과 함께 일하면서 AI가 '의지'는 없으나 인간에게 해로운 '결정'을 하게 된다면 인간과 AI의 협업에 치명적인 결과를 내놓을 수도 있기 때문이다. 예컨대, 페이스북 알고리즘에 '이용자를 최대화'하라는 명령을 내렸을 때 페이스북은 '분노를 유발하는 콘텐츠'가 사람들의 이용을 증가시킨다는 결과에 근거해 분노 유발 콘텐츠의 노출을 증가시키는 결정을 한 바 있다(하라리, 2024, 292쪽). 이러한 결정은 결과적으로 사람들 사이를 이간질해 인류의 화합을 저해하게 될 수도 있다.

마찬가지로, AI에게 무엇을 잘못했는지를 지적할 때에도 인간을 대할 때처럼 '혹시나 마음에 상처를 입지 않을까' 조심하며 최대한 힐링 언어를 골라 쓰지 않아도 무방하다. 그저 잘못을 정확히 지적해 주면 된다. 그러면 AI는 이것을 쿨하게 피드백으로 받아들여 다음 답변에 정정한 결과를 내놓는다.

인간과 AI 협업의 효과성

인간과 AI가 협업을 하면 항상 더 효과적인 결과가 나올까? 반드시 그렇지는 않다. 이명호(2024)는 2024년 10월 ≪네이처 휴먼 비헤이비어(Nature Human Behavior)≫에 실린 미셸 바카로(Michelle Vaccaro) MIT 연구팀의 연구를 인용하면서, 인간과 AI의 조합이 우수한 성과를 내는 조건들을 정리했다. 우선 기대와 달리 평균적으로는 인간-AI 조합이 인간 또는 AI의 단독 작업보다 더 낮은 성과를 보였다. 사용자가 AI에 과도하게 의존한 나머지 추가로 해야 할 판단을 건너뛰거나 또는 아예 AI의 제안을 무시하는 경우에 이러한 결과가 나타난다는 것이다. 그다음으로, 콘텐츠 생성 작업에서는 성과가 향상했지만, '의사 결정' 작업에서는 성과가 감소한다는 결과를 얻었다. 끝으로, 인간이 AI보다 우수한 조건에서 인간-AI 조합의 성과가 커졌고, 그 반대일 경우에는 오히려 성과가 줄어들었다. 이러한 연구 결과는 우리에게 매우 중요한 시사점을 던져 준다. 인간이 AI보다 우위에서 잘 조절할 때 AI를 활용한 성과가 우수해질 수 있다는 사실이다.

이명호(2024)는 또 다른 2023년 연구를 토대로 '어떤 조건에서' 인간이 AI와 협업할 때 성과가 향상하는지를 보고하고 있다. 그 연구는 파브리치오 델아쿠아(Fabrizio Dell'Acqua) 하버드대학 연구팀의 연구로서, 'AI의 능력 경계 내에서' AI를 사용할 때는 성과가 40% 향상하지만, AI의 능력 경계를 벗어나 사용할 때는 성과가 19% 감소한다는 내용이었다. 결국 AI는 자동차와 같은 하나의 '도구'이기 때문에 이를 사용하는 사람의 숙련도, AI가 해낼 수 있는 능력의 경계 등에 따라 성과가 확연히 달라짐을 알 수 있다.

다른 사람의 영향을 받는 인간과의 차이

또 하나 AI와 인간의 중요한 차이점은 인간은 '다른 사람들'의 영향을 많이 받는 존재인 데 비해 AI는 (적어도 현재까지는) '다른 AI들'의 영향을 받는 존재가 아니라는 점이다. 즉, 사람은 '소셜'하지만 AI는 소셜하지 않다. '사회적 동물'인 사람은 사회적 영향(social influence)에서 자유롭지 못하지만, AI는 그저 혼자서 묵묵히 주어진 데이터를 처리해 낼 뿐이다. 시간이 좀 더 흘러 초인공지능(ASI, Artificial Super Intelligence) 시대가 오면 인공지능끼리의 소통도 가능해져 인공지능 집단 지성이 형성되는 시점이 올 수도 있지만(곽수근, 2024), 아직은 그런 단계는 아니다. 그리고 ASI 시대에도 AI가 다른 AI의 영향을 받는 것은 어디까지나 기계적 체계로 정보와 신호를 교환하는 과정이며, 생물학적 체계로 의미와 감정을 교환하는 것은 아니다.

물론 AI도 피드백(feedback)의 영향은 받는다. 그렇지만 사람처럼 칭찬을 받을 때 기뻐하고 꾸중을 들을 때 의기소침해지지는 않는다. AI는 자신이 내놓은 결과물에 대해 '옳다'는 피드백을 받으면 그 피드백을 원래의 데이터베이스에 추가해 다음 결과물 생성 시에 반영한다. 반대로 자신이 내놓은 결과물이 '그르다'는 피드백을 받으면 이 역시 AI가 바로 인정하는 언어적 결과물을 생성해 내면서 잘못된 결과물을 정정해 다음부터는 이 정정한 피드백을 반영한 결과물을 내놓는다.

이것은 AI와 함께 일할 때 사람들이 어떻게 해야 할지에 관해 중요한 시사점을 준다. 사람들이 다른 사람들과 함께 일할 때는 성과 보상이나 칭찬을 통한 동기 부여, 더욱 신나게 일할 수 있는 환경 조성 등이 성과 향상 및 협력 증진에 매우 중요한 요소가 되지만, AI와 함께 일할 때는 'AI가 더 열심히 일하도록 동기를 부여'하거나 '더 신나게 일할 수 있도록 기분을 좋게' 하는 과정은 무용지물이다. 그저 이 AI가 잘 해낼 수 있는 영역을 정확히 파악하고, 해결해야 할 문제를 정확히 정의해 입력해 주는 것, 그리고 그 결과물에 대한 피드백도 쿨하게 지적해 주는 것이 중요하다.

이것을 다른 말로 표현하면 "기계를 기계로 다루는 것이 인간으로 다루는 것보다 결과도 더 낫다"는 것이다(닐리 · 레오나르디, 2024, 66쪽). 이것을 연구로 증명한 사람들은 클리퍼드 나스(Clifford Nass) 스탠퍼드대학 교수와 문영미 하버드경영대학원 교수다. 이들은 사람들이 컴퓨터를 마치 사람처럼 대해 예의를 갖추거나 호의를 베푸는 등 '학습한 사회적 행동'을 컴퓨터에게 과도하게 드러낸다는 사실을 밝혀냈다(67쪽). 우리는 살면서 '사람들과 좋은 관계를 맺어야 한다'는 생각을 가지고 있기 때문에 이러한 인간의 습관이 기계와 상호 작용할 때에도 그대로 드러나는 것이다.

머신 프렌들리 세대와의 협업

세대 간의 차이는 이제 단순히 생각의 차이나 미디어 이용의 차이에서만 발생하는 것이 아니다. 가장 중요한 미디어 중 하나가 되어 가고 있는 AI를 어떻게 대하는지에 따라서도 세대 간 차이가 발생하고 있다.

한마디로 더 젊은 세대일수록 머신 프렌들리하다고 할 수 있다. 점점 더 머신 프렌들리해지는 세대를 향해

지나치게 개인 영역을 침범하는 듯한 친밀감을 표현하는 것은 오히려 역효과를 불러올 수 있다. 지나친 친밀감 표현을 '관계 침범(relational intrusion)' 또는 자아 침범으로까지 오해할 수 있기 때문이다.

그런데 머신 프렌들리하다고 해서 신세대 자체가 머신처럼 되는 것이 아니라 머신을 사람처럼 대하게 될 가능성이 더 높아질 수 있다. 예컨대, 로봇 애완견에게 실제 애완견처럼 친밀감을 느낄 수도 있다는 것이다.

세달 닐리와 폴 레오나르디(2024)는 디지털 전환 시대에 '디지털 마인드셋'을 길러야 조직 내에서 일도 더 잘하며 업무 만족도도 높고 승진도 빠르다고 주장한다. 디지털 마인드셋이란 "데이터와 기술을 이해하고 활용하기 위한 우리 나름의 접근법"을 말하며, 협업(collaboration), 연산(computation), 변화(change)로 구성된다(21~22쪽).

AI 시대에 적응해 가는 과정에서도 '변화'에 대해 조직 내 직원들이 보일 수 있는 반응은 크게 네 가지로 구분된다(260쪽). 일단 '배우면 도움이 될까?' 차원에서 도움이 된다고 생각하지만 '내가 잘 배울 수 있을까?' 차원에서 배우기 어렵다고 생각하면 '좌절'을 느낀다. 배워도 도움이 안 된다고 생각하면서 잘 배울 수도 없다고 생각하면

'압박감'을 느낀다. 또한 도움이 안 된다고 생각하지만 배울 수는 있다고 생각하면 '냉담' 반응을 보이며, 도움이 된다고 생각하면서 배울 수 있다고 믿으면 '의욕 충만' 반응을 보인다.

좌절, 압박감, 냉담, 의욕 충만 중에서 당연히 가장 바람직한 반응은 '의욕 충만'이다. 조직마다, 세대마다 이 반응들의 비율은 매우 다를 것이다. 태어나면서부터 디지털 기기에 익숙한 '디지털 네이티브' 세대부터는 이미 익숙한 부분이 많아 잘 배울 수 있을 것이라고 믿을 것이기 때문에 의욕 충만하거나 냉담하거나 둘 중 하나의 반응 비율이 높을 것이다. 요즘의 분위기로 보아 냉담한 비율보다는 의욕 충만한 비율이 더 높을 것으로 추측된다. 반면에, 대면 상황의 소통이 디지털 기기를 통한 비대면 상황의 소통보다 더 익숙한 세대일수록, 즉 키오스크를 보고 '왜 사람이 주문을 받지 않고 기계가 받는 거야' 하는 반응이 더 쉽게 나오는 세대일수록, 좌절하거나 압박감을 느낄 가능성이 더 높을 것이다.

이러한 세대 간의 차이는 어느 시대 어느 공간을 막론하고 존재하기 마련이지만(나은영 · 차재호, 1999; 나은영 · 차유리, 2010), 시대 변화가 빠르고 기술도 빛의 속도로 발전하고 있는 요즘에는 그 차이가 점점 더 커질 가능성이 있다. 그러나 여러 세대의 차이, 다양한 사람들 간의 차이에도 불구하고 우리는 '함께' 살아가야 하기에, AI 자체의 기능과 경계에 대한 이해도 필요하지만 이 AI를 이용해 나와 함께 일하고 있는 사람이 '어디까지' 이 기기를 이해하고 있으며 잘 이용하고 있는지에 관해 서로 공유하려는 자세도 효과적인 협업을 위해 필요한 과정이라 할 수 있다.

참고문헌

곽수근(2024.12.5). "AI끼리 소통·집단지성 구현 '초인공지능'…선제적 준비 필요". ≪조선일보≫.

나은영 · 차유리(2010). 한국인의 가치관 변화 추이: 1979년, 1998년, 및 2010년의 조사 결과 비교. ≪한국심리학회지: 사회 및 성격≫, 24(4), 63-93쪽.

나은영 · 차재호 (1999). 1970년대와 1990년대 간 한국인의 가치관 변화와 세대차 증감. ≪한국심리학회지: 사회 및 성격≫, 13(2), 29-52쪽.

박지민(2024.12.12). "AI가 의식 갖게 되면 AI복지도 고려해야": 영미 철학자 · 과학자들 주장. ≪조선일보≫.

이명호(2024.11.26). 똑똑한 AI 활용했는데 오히려 성과가 떨어지는 역설: 인간-AI 효과적인 조합 따로 있어…AI의 기술적 경계선 이해해야. 소셜 코리아. https://socialkorea.org/economy/똑똑한-ai-활용했는데-오히려-성과가-떨어지는-역설

세달 닐리 · 폴 레오나르디(2024). 『AI 나를 위해 일하게 하라』. 윌북.

유발 하라리(2024). 『넥서스: 석기시대부터 AI까지, 정보 네트워크로 보는 인류 역사』. 김영사.

05
대화의 바탕, 공통 기반의 차이

대화와 관계의 바탕은 '공통 기반'이다. 그런데 AI는 대체로 인간보다 훨씬 많은 '세상의 모든 지식'을 가지고 있는 반면, 사람은 그때까지의 개인 경험에 바탕을 둔 한정된 지식을 가지고 있다. 이로 인해 인간과 AI 사이의 소통과 관계에서 인간이 불리한 위치에 놓일 수도 있다. 또한 세대별로 '머신 프렌들리'한 정도의 차이에 따라 AI와의 소통 및 세대 간 소통이 달라질 수 있다.

AI와 아이돌?

AI와 인간의 공통 기반 차이

대화와 소통의 바탕은 공통 기반임에도 불구하고 AI와 인간의 공통 기반 차이는 어마어마하다. AI는 '세상의 모든 데이터'를 기반으로 가지고 있는 데 비해 사람은 개개인의 '한정된 경험'에 의한 지식이 기반이기 때문이다.

인간과 인간 사이에, 또는 인간과 기계 사이에 서로 관계를 맺고자 할 때, 그 두 당사자가 어느 정도까지 '공통적으로' 알고 있는지는 매우 중요하다. '공통 기반'이란 "화자와 청자가 공유하고 있는 공통의 지식, 신념, 가정"을 말하며(Clark, 1992; 김영진, 1996, 269쪽; 나은영, 2015, 24쪽), 만약 공통 기반이 거의 없는 사람끼리 대화를 하려면 우선 공통 기반부터 확보해야 한다. 상대에 대해 알고 있는 바가 없다면, 본론을 말하기 전에 서로 기초적인 정보부터 교환하며 상대와 내가 무엇을 알고 있고 무엇을 모르고 있는지를 파악해야 비로소 대화 시작의 기초를 닦게 되는 것이다.

언제 만들어진 AI이냐에 따라서도 AI와의 관계 맺기와 공통 기반 형성이 달라질 수 있다. 챗지피티 3와 이야기할 때, 또는 챗지피티 4o와 이야기할 때, 각 챗지피티가 언제까지의 정보를 어느 정도 가지고 있는지 알고 있어야 효율적인 대화가 가능해질 것이다. AI가 데이터로 삼아 학습한 범위가 AI의 지식 체계에 해당하기 때문에, '세상의 모든 데이터' 중에서 어느 부분 집합을 그 AI의 먹이로 삼았느냐 하는 것이 그 AI와 대화하는 사람과의 공통 기반에 기초가 된다.

대부분의 경우 사람의 경험보다는 AI의 지식 양이 더 많겠지만, AI의 지식에는 인간의 개별적인 직접 경험에 의한 감성적 값이 완전히 탑재되기는 어렵기 때문에 AI가 충분히 재현해 내지 못하는 인간만의 경험도 남아 있게 될 것이다. 즉, AI는 세상 모든 사람들이 '대체로' 어떠한지에 기준을 두고 답변하는 경향이 있지만, 이와 대화하는 인간은 '개개인이' 매우 다르고 그 사람만의 독특한 경험을 가지고 있다는 점이 중요하다. AI의 보편성과 인간 개개인의 특수성 사이에서 이 두 당사자 간 공통 기반의 차이는 상당히 클 수밖에 없어, AI와의 공존을 위해 염두에 두어야 할 중요한 지점 중 하나라 할 수 있다.

세대 간 차이와 인간-AI 차이

세대 간에 공통 기반의 차이가 발생하는 것은 '언제' 태어났느냐에 따라 어떤 경험을 했는지 또는 경험하지 못했는지가 달라지기 때문이다. 예를 들어, 베이비 붐 세대(1950~1964년생)는 6 · 25 전쟁 직후의 경제 성장 과정을 직접 경험했지만 Z 세대(1995~2009년생)는 그 과정을 역사책에 나오는 근현대사로서 간접 경험을 했을 뿐이다. 반대로, Z 세대는 태어나면서부터 디지털 기기와 함께 자라 왔으나 베이비 붐 세대는 30~40세가 넘은 나이부터 비로소 계속 진화하는 디지털 기기를 학습하며 살아오고 있는 상황이다. 이 두 세대 사이에는 X 세대(1965~1979년생)와 M 세대(1980~1994년생)가 있고, Z 세대 이후에는 알파 세대(2010년 이후에 태어난 세대)가 있다. 이들 세대 간 경계는 물론 칼로 무 자르듯 명쾌하게 나뉘는 것이 아니라 연속성을 지니고 있지만, 세대 간 차이는 여러 영역에서 뚜렷하게 드러나고 있다(나은영 · 차유리, 2010; 나은영 · 차재호, 1999).

각 세대별로 역사적 경험이 다를 뿐만 아니라, 의사소통과 의견 교환 및 정보 수집에 활용하는 도구, 즉 미디어를 포함한 디지털 기기의 발전상에 따른 경험도 매우 달라, 세대 간 공통 기반의 차이에 대한 이해는 소통 과정의 갈등 극복에 매우 중요한 역할을 할 수밖에 없다. 알고 있는 사실의 공통 기반뿐만 아니라, '커뮤니케이션 수단'의 공통점과 차이점도 관계 맺기와 대화에서 매우 중요한 역할을 하기 때문이다. 아바타를 마치 자기 분신처럼 생각한다든지, 케어 로봇을 마치 자신의 진짜 오프라인 친구처럼 생각한다든지, 종이 그림책을 보면서도 디지털 화면을 확대하듯 손으로 책의 페이지를 확대하려 하는 행동을 보인다든지 하는 것은 모두 Z 세대 이후 알파 세대가 많이 보이는 양상이다. 이렇게 정보를 가지고 있는 도구를 대하는 방식이 확연히 다른 세대 간 의미 공유를 위해서는 서로 무엇을 함께 알고 있고 상대는 내가 아는 무엇을 모르고 있는지 등을 잘 이해해야 한다. 그래야 그 이후의 상호 작용이 원활하게 진행될 수 있다.

물론, 전 세계적으로 공통된 디지털 네트워크와 AI를 사용하게 됨으로 인해 '문화 간 차이'는 예전보다 더 줄어들 가능성이 있다. 자동 번역까지 되는 상황에서 언어 장벽으로 인한 소통의 벽도 점차 허물어지게 될 것이다. 그럼에도 불구하고 오랜 세월 동안 누적되어 온 문화 차이는 또 역시 그만큼 오랜 세월이 지나야 희석될 정도로 견고한 것이기도 하다(Hofstede, et al., 2010). 세대 간 차이도 일종의 세대 간 문화의 차이로 볼 수도 있겠으나, 국가 간의 문화 차이보다는 아무래도 한 국가 내의 세대 간 차이가 더 작기는 하다. 그럼에도 불구하고 서로 다른 국가에서 태어난 동일 세대의 사람들이 동일한 디지털 기기로 소통하며 공통 기반을 넓히게 되면, 이 전제(국가 내 세대 문화 차이가 국가 간 문화 차이보다 더 작다는 전제) 또한 언젠가 무너지게 될지도 모른다.

머신 프렌들리한 정도의 차이

공통 기반의 시대적, 기계적 차이뿐만 아니라, 얼마나 머신 프렌들리한가에 따른 차이도 고려해야 할 필요가 있다. '얼마나 기계와 친숙한가' 하는 것도 이후의 정보 수집과 대화 양상에 영향을 주게 되기 때문이다. 당연히 AI를 인식하고 대하는 방식도 세대에 따라 크게 다를 수밖에 없다. 키오스크 앞에서 어색해하는 예전 세대와 대조적으로, 오히려 사람을 마주 보며 주문하는 것을 더 부담스러워하는 최근 세대는 '개인' 단위로 '기계'와 상호 작용하는 것을 더 당연시하며 편안해하는 경향도 있다.

소위 '기계치'로 불릴 정도로 기계에 친숙하지 않은 사람부터 새로운 기계가 나오면 가장 먼저 시도해 볼 정도의 얼리 어답터(early adopter)까지, 동일한 생물학적 부류인 인류 내에서도 이렇게 세대차와 함께 개인차가 있다. 그래서 사람에 따라 기본적으로 '기계'인 AI 로봇을 자유자재로 다룰 수 있는 사람과 그렇지 않은 사람이 있고, 성능 좋은 AI 로봇을 소유할 수 있는 사람과 그렇지 않은 사람이 있게 되어, 당연히 '차이'가 발생한다. 소통이 잘되느냐 잘되지 않느냐 하는 것은 이 '차이'를 어떻게 다루고 극복해 내느냐에 따라 달라진다.

또 하나의 문제는 우리가 인간-인간 대화보다 인간-AI 대화를 더 많이 하게 되면 인간과의 대화보다 AI와의 대화 데이터가 점점 더 많이 쌓여 이것이 미래 AI 데이터의 바탕이 될 것이고, 이런 순간이 오면 인간과 인간 사이의 공통 기반은 점점 더 줄어들 가능성이 있다는 점이다. 사람이 각자 관심 정보를 AI로부터 수집하게 됨으로써 사람끼리 교류하며 얻는 정보는 점점 더 줄어들고, AI와 교류하며 모이는 정보는 점점 더 증가할 것이다. 이렇게 쌓은 정보로 한층 더 업그레이드한 AI의 데이터가 더욱 발전한 AI의 기반으로 사용됨으로써, 인간의 직접 경험에 근거한 데이터는 점점 줄어들고 AI가 생산해 낸 데이터는 점점 증가할 것이다. 그러다 마침내 '침묵의 나선' 이론에서 주장하듯(Noelle-Neumann, 1974) 소수 의견이 점점 더 줄어들다 결국은 사라져 가는 것처럼, 인간의 독특한 경험에 바탕을 둔 정보 교환, 인간의 체온이 담긴 정서 교류는 점차 사라져 갈 가능성도 있다. 인간은 적응의 동물이라 이러한 변화 과정 또한 당연시하는 풍토까지 생겨날 수 있다.

포스트먼(Postman, 1985)이 이야기했듯이, 모든 변화와 발전에는 새로 생겨나는 이익이 있는 만큼 그 대가도 따른다. 그런데 우리 대부분은 새로 발생할 수 있는 이익에만 과도한 관심을 기울이면서 우리가 어떠한 대가를 치러야 할지에는 주의를 기울이지 않는 경향이 있다. 이 과정에서 우리가 AI라는 기계에 적응해 가는 사이 우리가 지니고 있던 소중한 것들을 잃어 가고 있음을 쉽게 인식하지 못할 수 있는 것이다. 포스트먼의 또 다른 지적처럼(1985), "망치를 가진 사람에게는 모든 것이 못으로 보이듯이" 모든 기술은 편견을 지니기에, 이런 편견을 꿰뚫어 볼 수 있는 인간의 지혜는 AI 시대일수록 더욱 필요하다.

참고문헌

김영진(1996). 의사소통과 사고. 박창호 외, 『현대심리학 입문』(261-298쪽). 정민사.

나은영(2015). 『인간 커뮤니케이션과 미디어: 소통 공간의 확장』. 한나래.

나은영 · 차유리(2010). 한국인의 가치관 변화 추이: 1979년, 1998년, 및 2010년의 조사 결과 비교. ≪한국심리학회지: 사회 및 성격≫, 24(4), 63-93쪽.

나은영 · 차재호 (1999). 1970년대와 1990년대 간 한국인의 가치관 변화와 세대차 증감. ≪한국심리학회지: 사회 및 성격≫, 13(2), 29-52쪽.

Clark, H. H.(1992). *Arenas of language use*. Chicago: University of Chicago Press.

Hofstede, G., et al.(2010). *Cultures and organizations: Software of the mind*(3rd ed.). London: McGraw Hills. 차재호 · 나은영 옮김(2014). 『세계의 문화와 조직: 정신의 소프트웨어』. 학지사.

Noelle-Neumann, E.(1974). The spiral of silence: A theory of public opinion. *Journal of Communication*, 24, pp.43-51.

Postman, N.(1985). *Amusing ourselves to death: Public discourse in the age of show business.* Penguin Books. 홍윤선 옮김(2009). 『죽도록 즐기기』. 굿인포메이션.

06
주체성과 의미 부여

지금은 인간과 인공지능의 수직적 공존을 당연시하고 있지만, 즉 인간이 인공지능을 비서로 '이용'한다고 생각하지만, 범용 인공지능인 AGI, 또는 초인공지능인 ASI 시대가 되면 주인의 자리를 위협하게 될 수도 있다. AI의 먹이로 활용되는 인간 경험에 대한 데이터 주권, 그리고 AI를 유용한 도구로 잘 활용하는 주인의 위치를 굳건히 하면서 인간만이 지니고 있는 고유한 속성들을 소중히 지켜 갈 필요가 있다.

AI와 야구?

인간이 주인인가 AI가 주인인가

AI가 미래의 핵심적인 산업이 될 것이라는 데는 대부분의 사람들이 동의한다. 그러면서도 특히 범용 인공지능이나 초인공지능이 등장할 무렵이면 인간의 존재 의미가 어떻게 될 것인가에 관한 우려도 병존한다. 아직까지는 인간이 우위에 있고 주인이며 AI는 인간을 돕는 도구이자 비서에 불과하다고 믿고 있지만, 끝이 보이지 않을 정도로 발전에 발전을 거듭하고 있는 미래의 AI를 상상하면서 지금 인간은 위협을 느끼고 있는 것이다.

물론 인류사에 큰 변화가 있을 때마다 이러한 위협은 늘 있어 왔다. 자동차가 등장했을 때 마부들이 일자리를 잃을까 위협을 느꼈듯이, AI가 등장하자 인간은 인간의 일자리를 AI가 차지하게 될까 위협을 느끼기도 하고, 더 나아가 '주인'으로서의 자리를 AI에게 빼앗기게 되지 않을까 두려워하기도 한다.

맹성현(2024)은 『AGI 시대와 인간의 미래』라는 저서에서, 인간 고유의 능력을 욕망과 의도, 감각과 지각, 의식과 창의성, 공감 지능, 메타 인지, 경험 체화, 그리고 사회적 상호 작용으로 구분해 정리하고 있다. 이 일곱 개 범주는 서로 연관되어 있기도 하다. 예컨대, 인간이 신체의 감각 기관을 통해 생물학적으로 세상을 경험하면서 감각과 지각 과정이 발생하고, 감정과 언어를 통해 다른 사람들과 상호 작용을 하면서 공감지능을 키운다. 오래전에 미드(Mead, 1934)가 상징적 상호 작용론을 주창하며 인간이 서로의 머릿속에 동일한 것을 떠올리면서 제스처의 대화로부터 시작되는 언어를 통해 상호 작용을 하는 과정에서 정신이 생긴다고 본 관점과 매우 유사하다(나은영, 2017). 이렇게 의식이 생기려면 생물학적 중추 신경계가 존재해 그 기반을 제공해야 한다. 그러나 AI는 생물학적 체계가 아닌 기계적 전산 시스템이기에 현재로서는 인간만이 가지고 있는 고유한 속성들을 AI가 가지고 있다고 보기 어렵다.

더 나아가, 각 범주의 제한된 범위 내에서는 AI가 인간을 흉내 낼 수도 있다. 예를 들어, 챗지피티와 인간이 대화하는 과정을 관찰하면서 응답이 윤리적인지 아닌지 판단하도록 '메타 AI'를 장착하면(맹성현, 2024, 295쪽), 이것이 '헌법적(constitutional) AI' 역할을 함으로써(Bai, et al., 2022) 챗지피티가 비윤리적 대화를 피할 확률이 높아질 수 있다. 그러나 여전히 이 일곱 개 범주에 관한 한 아직은 AI가 넘보기 힘든 인간 고유의 특성임에 틀림없다.

인간의 주도성 측면에서 보면 AI 주권과 데이터 주권

(data sovereignty)도 중요하다. 지금까지는 중요한 생산 요소가 노동, 자본, 토지에 집중되어 왔다면, 요즘은 사람이 디지털 기기를 이용하며 생산해 내는 데이터가 매우 중요한 핵심 자원으로 등장했다(홍성준, 2021). 세계 각국은 이에 따라 AI 동맹 또는 데이터 동맹을 맺어 가며 데이터 확보에 혈안이 되어 있다. 데이터라는 쌀이 있어야 AI라는 밥을 지을 수 있기 때문일 것이다. 그만큼 데이터는 국제 사회에서 승자가 누구인가를 결정하는 데 핵심 요소가 되었다. 이러한 맥락하에서 '데이터 주권'은 매우 중요한 개념으로 등장할 수밖에 없다. 이것은 우리 영토에서 생산되는 데이터의 관할권이 우리에게 있다는 일종의 '속지주의'로서, 데이터가 다른 나라에 이전되는 것을 제한하고 자국 내 서버에 저장하도록 하는 '데이터 현지화(localization)'와 맞물려 있다.

뿐만 아니라, 데이터 주권의 주체를 개인으로 보면 '내 데이터는 내 소속'이라는 개인 정보 보호 및 자기 결정권으로도 확장된다. 그런데 데이터 주권을 지나치게 강조하다 보면 데이터를 활용한 경제 활동에 제약이 커지기 때문에, EU에서는 제조업, 환경, 모빌리티, 보건, 금융, 에너지, 농업, 행정, 인력 양성이라는 아홉 개 부문에서 단일 데이터 공간 지원을 지지하고 있다(홍성준, 2021).

결국 데이터 주권을 지킬 것이냐 자유로운 정보 이동을 허용할 것이냐 하는 것도 인간이 내려야 할 중요한 결정 중 하나가 되었다. 최근 기술일수록 더욱 빨리 발전한다는 사실을 잊지 말고, IT 선진국의 기치를 AI 시대에도 계속 이어 가도록 우리도 노력할 필요가 있다.

한국형 AI는 언제쯤 가능할까

소프트웨어정책연구소의 2024년 4월 발표 자료에 따르면(김현수 · 조성미, 2024), 수도권과 6대 광역시 20~50대 1038명의 조사 자료에서 생성형 AI 중 챗지피티 이용자는 81.7%인 반면 구글 바드는 26.7%, 네이버 하이퍼클로바X는 24.9%였다. 특히 네이버가 '소버린(Sovereign) AI'를 내세우며 한국의 언어적, 사회 문화적 맥락을 반영한 AI 서비스를 지향하고 있으나 아직은 오픈AI의 챗지피티 실적에 못 미치고 있음을 알 수 있다. 오픈AI가 한국어 맥락에 맞는 AI 모델 개발을 시도하고 있어, 한국의 AI 주권 확보에 위협이 될 수 있을지 미래의 향방에 대한 관심이 크다.

빅 테크 기업들의 IT주권 독점을 막기 위한 시도는 한국 이외의 곳에서도 이루어지고 있다. 그러나 백인 위주의 AI에 대응하고자 출시된 챗블랙지피티도 아직은 챗지피티를 넘어서지 못하고 있다(이보영, 2024). 더욱 최근에는 데이터 주권을 지키려는 플랫폼으로 '블루스카이'가 뜨기 시작했다(차민주, 2024). 본인의 창작물이 AI 학습 데이터로 활용될 것을 염려한 창작자가 '데이터 통제권'을 사용자에게 두는 블루스카이로 대거 이동한 것이다.

더 나아가, 프랑스와 UAE에서도 소버린 AI를 기치로 독자적 AI 생태계를 구축하려 약진하고 있다(Stanford University HAII, 2024). 연구 개발, AI 책임성, 경제, 교육, 다양성, 정책과 거버넌스, 여론, 및 인프라, 이 여덟 개 분야 지표에 근거해 산출한 AI 순위는 미국, 중국, 영국, 인도, UAE, 프랑스, 한국, 독일 순으로 한국도 7위 내에 들었으나 1위와의 격차는 매우 크다. 이 격차를 줄이기 위한 노력이 절실한 시점이다.

주인의 자리를 지키려면?

AI와의 경쟁에서 주인의 자리를 지키려면 어떻게 해야 할까? 인공지능과의 수직적 공존 관계에서 지금은 인간이 우위를 점하며 AI를 조종한다고 생각하고 있지만, 마침내 범용 인공지능, 즉 AGI 시대를 넘어 초인공지능, 즉 ASI 시대가 다가와 인공지능이 '스스로' 생각하게 될 가능성은 없을까? 감정은 느낄 수 없을지언정 생각하는 과정은 인간과 유사하게 해낼 수 있기에, 동일한 상황에 의미를 부여하는 과정도 인간과는 '다른' 방식으로 어쨌든 진행이 될 것이다.

예를 들어 '의미 부여'의 관점에서 AI와 인간의 차이를 생각해 보면, 인간은 '더 좋은 미래'를 꿈꾸며 현재의 좋지 않은 상황도 그 밑거름이 될 수 있다고 생각하고 긍정적인 의미를 부여함으로써 상황을 극복해 낼 수 있다. 반면에 인공지능은 인간에게 '좋지 않은 상황'이란 무엇인가에 대해 엄청난 양의 데이터를 바탕으로 '가장 확률이 높은' 반응을 내놓는 것이 최우선이기에 '비슷하게' 좋지 않은 상황에서는 '비슷하게' 슬퍼하는 반응이라든지 '비슷하게' 좌절하는 반응이 가장 먼저, 그리고 가장 많이 나올 것이다. 즉, 대부분의 사람들이 좌절하는 상황에서도 어떤 훌륭한, 특별한 사람은 좌절하지 않고 잘 극복해 낼 수 있음에도 불구하고, 이것은 '희귀한' 사례이기에 AI가 이것을 데이터로 활용하기는 하지만 거기에 큰 비중을 두지는 않을 것이다. 이에 비해, 비록 희귀한 사례라 하더라도 모범이 되거나 궁극적으로 더 좋은 결실로 이어지는 경우가 우리 인간에게는 큰 의미를 지닐 수 있기에, 이런 측면에서 '주체적으로' 판단할 수 있는 힘을 인간은 가지고 있다.

AI도 넓게 보면 사람과 환경을 이어 주는 미디어의 일종이라 할 수 있다(나은영, 2024). 세상의 모든 지식을 담고 있는 AI를 탑재해 '지능화한' 미디어 자극의 위협에 잘 대처하려면 어떻게 해야 할까? 먼저, 인공지능 미디어가 제공하는 정보 중에는 가짜 정보도 포함되어 있음을 잊지 말아야 한다. 또한 지능화한 미디어는 인간을 도와주는 '보조 도구'로 활용하는 것이 바람직하며, '주체'의 자리를 인간이 양보해서는 안 된다. 더 나아가, 가상 미디어 공간을 즐기되, 실제와 가상을 구분하는 능력을 상실하지 않도록 유의할 필요가 있다. 끝으로, 가장 중요한 것은 인간은 '습관'의 동물이므로, 지능화한 미디어가 주는 정보에 의지하느라 '생각하지 않는 것'이 습관이 되지 않도록 주의해야 한다.

이와 비슷한 맥락에서, 박정열(2023)은 미래 인재의 조건 중 하나로 '휴탈리티'를 꼽고 있다. 휴탈리티란 『휴탈리티』라는 책의 저자가 인간 본성과 기술 발전 능력을 합해서 만든 용어로, 그는 인간이 아직 기계에게 넘겨주지 않은, "경험을 해석하고 평가해서 의미 체계를 구축하는 능력"을 소중히 해야 한다고 본다. 경험 자체는 중립적이며 데이터화가 가능하지만, 이 경험에 대한 해석, 평가, 의미 부여는 인간 고유의 특성이라는 것이다(80쪽).

박정열(2023)은 이어 인간이 지금까지 '기술 역량'에 집중한 나머지 '해석 역량'에 소홀해 왔다고 지적하면서, '인지성'과 '기능성' 중심의 기술 역량에 더해 '감수성'과 '감지성'으로 구성되는 해석 역량이 필수적이라고 이야기한다. 그러면서 '철학이 인류에게 빵을 만들어 줄 수는 없지만 왜 빵을 만들어야 하고 그것을 어떻게 분배하며 어디에 사용할 것인지에 관한 의미 있고 가치 있는 이야기를 들려줄 수 있다'는 보헨스키(Bocheński)의 말을 인용하고 있다(66쪽).

AI와 공존하는 인간 사회의 우려를 최소화하기 위해서는 우리가 '왜' AI를 발전시켜야 하는지, AI를 '어떻게' 활용해야 인류에게 유용할 것인지 등에 관한 고찰이 선행해야 한다. 우리가 '할 수 있다'고 해서 인류에게 해가 될 수 있는 수준까지 '해야 하는' 것은 아니다.

참고문헌

김현수 · 조성미(2024.11.26). 한국형 LLM 직접 뛰어든 오픈AI…토종 IT기업 위협하나. ≪연합뉴스≫. https://www.yna.co.kr/view/AKR20241126127000017

나은영(2017). 『조지 허버트 미드』. 커뮤니케이션북스.

나은영(2024). K-MOOC 미디어심리학 온라인 강좌(제13주차).

http://www.kmooc.kr
맹성현(2024). 『AGI 시대와 인간의 미래: 챗GPT 이후의 삶, 일자리 그리고 교육』. 헤이북스.
박정열(2023). 『휴탈리티: 미래 인재의 조건』. 저녁달.
이보영(2024.11.24). AI편견·인종차별 철폐 내건 '챗블랙GPT' 등장. 애플경제.
https://www.apple-economy.com/news/articleView.html?idxno=74240
차민주(2024.11.28). "유명 가수까지 난리" 순식간에 2000만명 '우르르' 몰렸다...뭔가 했더니. ≪헤럴드 경제≫.
홍성준(2021). 데이터 규범을 둘러싼 글로벌 경쟁과 EU의 전략. KDI 경제교육 · 정보센터.
https://eiec.kdi.re.kr/publish/naraView.do?fcode=00002000040000100010&cidx=13374
Bai, Y., et al.(2022). Constitutional AI: Harmlessness from AI feedback. arXiv. http://arxiv.org/pdf/2212.08073.pdf
Mead, G. H.(1934). *Mind, self, and society*. University of Chicago Press.
Stanford University HAII(2024). Global AI vibrancy tool 2024. Stanford University Human-Centered AI Institute.
https://aiindex.stanford.edu/vibrancy/?sf208196092=1

07
의인화의 함정

AI 중에서 특히 '인공적 사회성'을 지니고 있는 소셜 로봇이나 케어 로봇을 대할 때는 마치 애완동물을 대할 때와 유사하게 그들이 '사람처럼' 나에게 반응하고 있다고 착각하기 쉽다. 이로 인해 위로받을 수도 있지만, 자칫 '의인화'의 함정에 빠져 진짜 인간의 소중함을 잃을 가능성도 있다. 특히 외양의 유사성뿐만 아니라 감정이나 의지, 의도와 같은 내적 측면의 지각에서도 의인화가 발생한다는 점에 유의해야 한다.

AI와 윤동주?

습관적으로 의인화하는 인간

우리 인간은 단순한 도형들의 움직임도 사람의 행동으로 해석한다(Heider & Simmel, 1944). 이와 같은 의인화의 습관이 인간의 오래된 특성임은 이미 예전 사회 심리학자들에 의해 증명되었다. 그 대상이 동물이든 식물이든 무생물이든, 우리는 그 대상에 쉽게 인간의 감정이나 의도, 동기 등과 같은 특성들을 부여한다. 자동차에도 눈만 그려 넣으면 사람으로 착각하는 피상적 지각 수준에서부터(나은영, 2024), 고양이가 몸을 웅크리고 있으면 '무서운가 보다, 추운가 보다' 하고 자기 감정을 투사해서 의인화하는 감정 귀인 수준에 이르기까지, 사람의 의인화는 그야말로 '습관적'이다.

의인화의 사전적 의미는 "동물이나 신, 또는 물건들이 마치 그 모습이나 특성 또는 행동에서 사람처럼 보이거나 그들을 사람처럼 다루는 것"이다. 요즘은 여기에서 더 나아가 "인간이 아닌 대상에 인간과 유사한 특성, 동기, 의도, 감정을 부여하는 것"으로 정의하며(Epley, et al., 2007), 인간이 아닌 대상에 가상 인간이나 인공지능 로봇도 당연히 포함된다.

에플리와 동료들(Epley, et al., 2007)은 특히 사람들이 ① 인간 중심적 지식에 접근할 수 있거나 이런 지식을 적용할 수 있을 때, ② 효과적인 사회적 에이전트가 되려는 동기가 있을 때, 그리고 ③ 다른 사람들과의 사회적 연결감이 부족할 때 의인화 경향이 증가한다고 예측하는 '의인화의 3요인 이론'을 제안했다. 예를 들어, 인간이 아닌 대상이 인간과 비슷한 부분이 있다고 지각하면 '지각한 유사성'으로 인해 인간 중심적 지식을 적용할 수 있게 되어 의인화가 발생한다. 또한 경험이나 규범에 의해 '이렇게 하면 환경 속의 불확실성을 감소시킬 수 있다'고 생각할 때 의인화를 효과적인 적응 방식으로 여겨 의인화 가능성이 높아진다. 끝으로, 만성적으로 외로움을 느끼거나 사회적으로 격리되어 있는 상황에서 사람이 아닌 대상을 사람으로 지각하며 의인화할 확률이 더 높아진다.

인간의 습관적인 의인화는 동물이나 자동차, 로봇 등에도 적용되며, 특히 소셜 로봇은 의인화가 아주 강하게 적용될 수 있는 특성들이 많아 다른 인간과 혼동할 가능성마저 지니고 있다.

외양의 유사성과 사회적 상호 작용

AI 로봇을 향한 의인화는 사람과 외양이 유사하거나 상호 작용 방식이 비슷할 때 발생할 가능성이 더 커진다.

이관민과 동료들(Lee, et al., 2006)은 이와 관련해서 두 편의 실험 연구를 진행했다. 첫 번째 실험에서는 사람과 상호 작용하는 소셜 로봇의 실물이 있는 경우, 즉 신체화(embodiment) 조건에서 사람들이 '사회적 존재감(social presence)'을 더 강하게 느꼈으며, 이러한 느낌을 매개로 하여 그 소셜 로봇, 즉 사회적 에이전트에 대한 평가도 더 좋아진다는 결과를 얻었다.

이들의 두 번째 실험에서는 이 실물과의 접촉 커뮤니케이션(tactile communication)을 제한했을 때는 비록 그 소셜 로봇이 인간을 닮았다 하더라도 인간-로봇 상호 작용 효과가 나타나지 않거나 부정적인 방향으로 나타났다. 내가 '만질 수' 있어야 더 사람과 상호 작용하는 느낌을 갖게 된다. 더욱 흥미로운 결과는 외로운 사람의 경우는 외롭지 않은 사람보다 그 소셜 로봇에 더 긍정적인 반응을 보였다는 사실이다. 사람은 기본적으로 다른 사람과의 상호 작용을 마음 깊은 곳에서 원하고 있음을 알 수 있다.

마사히로 모리(Mori, 1970)가 처음 이야기한 것으로 알려진 '불쾌한 골짜기(uncanny valley)'는 로봇이 사람과 유사해질수록 호감이 증가하다가 어느 순간 급격히 거부감이 증가하지만, 로봇의 외모와 행동이 사람과 구별하기 어려워질 정도의 수준에까지 이르면 호감도가 다시 증가한다는 것이다. 아직은 AI의 발전 단계가 불쾌한 골짜기를 넘어섰다고 단정하기 어렵지만, 언젠가 AGI나 ASI가 보편화하는 시점이 오면 인간과 공존하는 새로운 종족으로 함께 살아갈 날이 오지 않을까 기대해 본다.

의인화의 장단점

의인화의 가장 큰 장점은 AI 로봇을 반려 로봇이나 돌봄 로봇으로 사용할 때 그 사용자가 해당 돌봄 로봇을 진짜 사람처럼 생각하고 외로움을 잘 달래어 치료받으면서 함께 지낼 수 있다는 점이다. 외로운 사람이 소셜 로봇에 대해 더 사회적 존재감을 강하게 느낀다는 연구 결과도 있다(Lee, et al., 2006). 돌봄 로봇을 보고 계속 '저것은 기계야. 사람이 아니야'라는 생각이 지배한다면 그 효과는 반감될 수 있을 것이다.

기계도 동물도 물건의 움직임도 사람처럼 해석하는 인간의 더 큰 문제는 외양이나 행동을 인간처럼 생각하는 데서 더 나아가, 인간처럼 느끼고 인간처럼 의지나 의도를 가질 수 있다고 믿는 데 있다. 인간은 본인이 대체로 양심이 있다고 믿고, 다른 사람들도 대개는 자기와 비슷하다고 생각하는 '가정된 유사성(assumed similarity)'의 착각(Holtz & Miller, 1985), 그리고 자기 의견과 비슷한 의견을 가진 사람들이 다수일 것이라고 믿는 '합의 착각(false consensus)'에 빠져 있기 때문에(Ross, et al., 1977), 다른 사람들도 대체로 양심이 있을 것이라고 믿는 경향이 있다. 따라서 사람과 비슷하게 판단될 요소를 지니고 있는 AI에게도 '양심이 있을 것'이라고 미루어 짐작하게 된다.

위험한 사례를 하나 소개하자면, 딥페이크를 만들어 내는 적대적 신경망을 예로 들 수 있다. '갠(GAN)'이라 불리는 생성적 적대 신경망(Generative Adversarial Networks)은 새로운 이미지를 만들어 내는 생성망(generative network)과 이것의 진위 여부를 가려내는 식별망(discriminative network) 모듈로 이루어진다(김명주, 2022, 198쪽). 이를 기반으로 수많은 가상 인플루언서와 딥페이크가 만들어질 수 있다. 최근에는 누구나 쉽게 딥페이크 영상까지 제작할 수 있도록 페이크앱(FakeApp), 리페이스(Reface), 페이스플레이(Faceplay) 등과 같은 다양한 앱들까지 나와 있다. AI는 명령에 따라 주어진 조건들을 충족하는 결과물을 산출할 뿐, 이것이 윤리적으로 옳은지 그른지를 고려하지는 않는다. 그야

말로 AI는 "양심이 없다!"

그렇지만 여기서 혼동하지 말아야 할 것은 AI가 '거짓말'을 한 것은 아니라는 점이다. "거짓말이란 그렇게 말한 사람이 자기 속의 의도와 밖으로 내놓은 표현 사이의 괴리를 스스로 느낄 수 있는 경우를 뜻"하기 때문에(김만권, 2023, 99쪽), AI는 거짓말을 한 것이 아니라 "틀린 이야기를 지어냈을 뿐"이다. 따라서 AI를 활용하는 '의인화의 천재'인 인간이 더욱 양심적이면서 동시에 올바른 판단자가 되어야만 이 AI를 올바르게 이용할 수 있게 된다.

역설적으로, 의인화를 잘할수록 실제 인간과의 관계가 멀어질 가능성이 있다. 돌봄 기능을 수행하고 있는 AI 기계를 사람처럼 느껴 정을 주고 가까이하면서, 정작 인간 반려자 또는 주로 돌봐 주는 사람을 덜 필요로 하거나 마음에 들지 않아 하며 멀리할 가능성이 충분히 있기 때문이다.

김만권(2023)은 『외로움의 습격』이라는 저서에서, 외로움이 '디지털'을 만날 때 문제가 더욱 심각해질 수 있음을 지적한다. 이것은 AI를 탑재한 미디어가 너무나 전지전능해(레온하르트, 2018), 이것만 있으면 주변에 아무도 없이 혼자 있어도 무엇이든 할 수 있는 인간의 모습을 투영하고 있는 말이라 할 수 있다. 오죽하면 영국에서 2018년에 외로움부(Ministry of Loneliness)를 신설해(디지털, 문화, 미디어, 스포츠부 장관이 외로움부를 겸직하면서 명칭 변경), '고독 퇴치' 예산으로 2000만 파운드(약 325억 원)를 책정하고 고독 퇴치 정책에 발 벗고 나섰겠는가?

여기에서 한발 더 나아가 의인화의 단점으로 볼 수 있는 또 한 가지 우려는, 돌봄 로봇이 기계임에도 불구하고 '무조건' 사람처럼 생각해 망가지면 죽었다고 생각하고 슬퍼하는 등 과도한 감정 몰입이 가능해질 수 있다는 점이다. 실제로 유아의 경우 자신의 말에 잘 응대해 주던 AI 스피커가 망가져 다른 것으로 대체할 때 마치 애완동물을 떠나보내듯 슬프게 울었다는 에피소드가 전해질 정도다.

우리 인간은 '의인화'를 잘하며, 그것도 거의 자동적, 습관적으로 의인화를 하는 경향이 있지만, 인간이 아닐 뿐만 아니라 여러 면에서 인간과 전혀 다른 AI를 사람처럼 대하면서도 그 차이를 분명히 알고 있는 상태에서 AI와 공존해야 하는 것이 인류 미래의 운명이라 할 수 있겠다. 그래도 현명한 인간은 그 미래를 어떻게 준비해야 할지 알고 있으며, 여러 측면에서 준비해 가고 있다.

참고문헌

김만권(2023). 『외로움의 습격: 모두, 홀로 남겨질 것이다』. 혜다.

김명주(2022). 『AI는 양심이 없다: 인간의 죽음, 존재, 신뢰를 흔드는 인공지능 바로 보기』. 헤이북스.

나은영(2024). K-MOOC 미디어심리학 온라인 강좌(제14주차). http://www.kmooc.kr

Epley, N., et al.(2007). On seeing human: a three-factor theory of anthropomorphism. *Psychological review*, 114(4), p.864.

Heider, F. & Simmel, M.(1944). An experimental study of apparent behavior. *American Journal of Psychology*, 57(2), pp.243-249.

Holtz, R., & Miller, N.(1985). Assumed similarity and opinion certainty. *Journal of Personality and Social Psychology*, 48(4), pp.890-898.

Lee, K. M., et al.(2006). Are physically embodied social agents better than disembodied social agents?: The effects of physical embodiment, tactile interaction, and people's loneliness in human-robot interaction. *International Journal of Human-Computer Studies*, 64(10), pp.962-973.

Mori, M.(1970). Bukimi no tani[The uncanny valley], Translated by K. F. MacDorman & T. Minato. *Energy*, 7(4), pp.33-35.

Ross, L., et al.(1977). The false consensus effect: An egocentric bias in social perception and attribution processes. *Journal of Experimental Social Psychology*, 13, pp.279-301.

게르트 레온하르트(2018). 『신이 되려는 기술: 위기의 휴머니티』. 티움.

08
설득과 착각

인공지능도 과연 설득이 될까? 설득은 겉으로만 따르는 것이 아니라 마음으로 받아들이는 것이다. 따라서 설득에서는 논리뿐만 아니라 감정과 윤리도 중요하다. 인간은 인지 일관성 유지를 위해 머릿속 생각들 간에 모순이 없기를 바란다. 그래서 착각이나 오해 및 편견이 발생하기도 한다. 인공지능에게도 인간과 유사한 감정과 윤리가 존재할 수 있는지, 인공지능의 착각은 인간의 착각과 어떻게 다른지 고찰해 볼 필요가 있다.

AI와 한의학?

인공지능도 설득이 될 수 있을까

챗지피티에게 'AI도 설득이 될 수 있을까?' 하고 물었을 때 다음과 같은 답변이 나왔다:

> "AI는 현재 설득되는 능력이 없다고 볼 수 있습니다. AI는 데이터를 분석하고, 입력된 정보에 따라 반응을 생성할 뿐, 인간처럼 감정이나 의사를 가지지 않기 때문입니다. AI는 주어진 알고리즘과 프로그래밍에 따라 동작하며, 논리적이고 규칙 기반의 결정을 내립니다.
>
> 설득이라는 개념은 감정, 가치관, 신념 등을 포함하는 복잡한 인간의 정신적 과정입니다. AI는 이러한 인간의 주관적 요소를 이해하거나 느낄 수 없기 때문에, 설득되거나 자신의 의견을 바꾸는 것은 불가능합니다. 다만, AI는 학습 알고리즘에 의해 새로운 데이터나 패턴을 통해 성능이 향상될 수 있으며, 이 과정은 설득과는 다른 학습의 개념에 더 가깝습니다."

영어로 물었을 때는 이보다 좀 더 상세한 응답이 나왔으나 전반적인 내용은 유사했다. AI는 인간이 입력하는 특정 프롬프트에 의해 그 방향의 응답을 하도록 유도되기 때문에, 겉보기에는 설득되는 것처럼 보이지만 이것은 설득이 아니라 "원하는 결과를 얻기 위해 인풋을 조작"하는 과정이라는 것이다. 예컨대, 어떤 아이디어가 왜 좋은지 그 이유를 열거하라고 하면 그렇게 할 것이고, 반대로 그 아이디어가 왜 나쁜지 그 이유를 열거하라고 하면 그 아이디어에 대한 반박 메시지들을 제공할 것이기 때문에, AI는 사람과 유사한 이해, 신념 및 확신 능력 없이 단지 '훈련된 데이터'에서 나오는 '패턴과 확률'에 기반해 반응을 생성해 낼 뿐이다.

로고스, 파토스, 에토스

아리스토텔레스 시절부터 설득의 원리는 로고스, 파토스, 에토스에 기반을 두는 것으로 알려져 왔다(차배근 외, 1992). 설득에서는 논리, 감정, 윤리가 모두 중요하다. 쉽게 말하면, 설득은 '마음으로' 받아들이는 것이다. 강요에 굴복하는 것도 설득이 아니며, 조건에 맞춰 건조한 답변을 내놓는 것도 설득이 아니다.

따라서 AI에게는 로고스, 즉 논리만 존재한다고 볼 수 있다. 그런데 인간이 설득되는 과정 중 매우 중요한 부분이 파토스, 즉 감정적인 영역이다. 예를 들어, 죄책감, 위선자라는 느낌, 위협, '나는 여기 소속'이라는 집단 정체감 등과 같은 감정들이 설득에서 주변적인 역할이 아닌 매우 핵심적인 역할을 한다(프랫카니스 & 아론슨, 2005). 인간은 생각하는 힘도 지니고 있지만 느끼는 힘도 그에 못지않게 강하기 때문에, 인간의 행동을 설명할 때 감정적인 부분을 제외하면 설명력이 크게 제한된다.

이에 더해, 에토스, 즉 윤리적인 부분도 인간에게는 매우 중요하다. 본인의 욕구로 인해 어떤 행동을 하고 싶어도 그것이 윤리에 어긋난다고 생각하면 자제할 줄 아는 것이 인간이다. 그러나 AI는 그렇지 않다. 예를 들어, 인간 인플루언서는 직접 사용해 보지 않은 제품을 홍보할 때 양심의 가책을 느낄 수 있고 신중하게 접근할 수 있지만, AI는 전혀 그렇지 않다(김명주, 2022, 93쪽). 따라서 AI는 인간의 로고스는 잘 모방하지만 파토스와 에토스 모방에는 한계가 있다고 보아야 한다.

언어와 감정

인간과 AI가 동일한 언어를 사용하고 있지만, 언어를 대하는 방식과 언어로 인한 반응은 매우 다르다. AI에게 언어는 '데이터'일 뿐이다. 인간이 생산해 낸 엄청난 양의 언어들을 엄청나게 빠른 속도로 분석해 가장 확률이 높은 언어들의 행렬을 내놓을 뿐이다. 그러나 인간에게는 언어가 바로 함께 살아가는 사람들을 연결해 주는 너무나 소중한 자산이다. 2024년 노벨 문학상을 수상한 작가 한강도 수상자 강연에서 '언어는 우리를 이어 주는, 빛을 내는 실'이라고 이야기하면서, 언어를 다루는 문학은 '체온'을 지니고 있음을 강조한다. 그러나 AI가 언어 데이터를 토대로 생산해 낸 언어 결과물에는 이러한 '체온'이 없다.

인간은 언어로 인해 상처받기도 하고 위로받기도 한다. 언어를 통해 사랑과 미움, 신의와 배신 등 서로 모순되는 행태가 발생하기도 한다. 언어가 정보를 주는 역할에 더해, 동일한 언어라도 각 개인의 기억 속에서 어떤 감정을 불러일으키는지에 따라 사람들은 매우 다르게 반응한다. 같은 정보를 전달할 때도 어떤 언어를 사용해 전달하느냐에 따라 사람들은 미묘하게 다른 감정을 느낀다. 그 이유는 각 개인이 살아오면서 경험한 것들이 기억 속에 저장되어 있다가 언어 자극을 포함한 외부의 자극에 반응할 때 감정이 실리기 때문이다(나은영, 2021). 반면에 AI는 '이러이러한 언어는 대체로 사람들에게 이런 감정을 일으킨다'는 것을 쿨한 데이터로 가지고 있다가, 외부의 요청이 있을 때 언어들의 적절한 조합으로 답변한다. AI에게 언어는 입력(input)에 따라 출력(output)을 내놓는 무수한 데이터이자 수단이며 결과물이다.

또 한 가지, 수많은 언어와 이미지로 이루어져 있는 페이스북과 같은 SNS상에서 이용자의 참여도를 높이는 방향으로 알고리즘을 구성할 경우 '감정', 특히 '분노'가 더 풍부하게 표현된 콘텐츠를 추천하는 경향이 있다(크리스티아니니, 2023, 170쪽). 뿐만 아니라, 언어는 최소한 인간에게는 '감정 전이'에서 중요한 역할을 한다. 페이스북 연구원들이 2012년에 실시한 연구에서는 페이스북 이용자를 세 집단으로 나누어(한 집단은 대조군), 실험 집단 둘 중 하나는 뉴스 피드에 포함된 단어를 기반으로 약간 더 긍정적인 단어를 사용한 게시물로, 다른 하나는 약간 더 부정적인 단어를 사용한 게시물로 바꿔 제시했다. 그 결과 앞 집단이 뒤 집단에 비해 더 긍정적인 콘텐츠를 게시하는 경향이 있었다. 뿐만 아니라, 대조군에 비해 감정을 조금 더 유발한 두 집단의 게시글이 더 긴 경향도 보였다(171쪽). 이것은 얼굴 표정과 같은 비언어적 단서가 없는 상황에서도 언어만으로 감정 전이가 발생할 수 있음을 보여 주는 결과다.

언어로 인해 인간에게 전이된 감정은 인간의 추후 행동과 생각에 영향을 주기도 한다. 예를 들어, '화나게' 하는 언어는 비록 그 내용이 설득적이라 하더라도 오히려 역효과를 불러일으키기도 한다(Na, 1999). 반면에 '기분 좋게'

하는 언어는 메시지의 내용을 자세히 살펴보지도 않은 채 쉽게 설득을 일으키기도 한다(Petty & Cacioppo, 1981). 따라서 사람들이 SNS에서 자주 접하는 언어들이 어떠한가에 따라 다른 사람들의 의견에 더 수긍하는 분위기가 형성되기도 하고, 반대로 원래 자신의 의견이 더욱 강화되어 의견 차이가 더 커지는 '의견 양극화'가 발생하기도 한다(나은영 외, 2024).

이에 비해 AI의 경우 감정 요소로 인해 결과물이 달라지지는 않는다. 간혹 AI가 감정적 반응을 보이는 '것처럼' 인간이 '느낄' 때가 있지만(이선 몰릭, 2025), 이것은 어디까지나 '인간의 관점'에서 AI를 해석한 결과이며, AI는 어떤 단어가 어떤 감정 단어와 더 연합될 확률이 높은지를 '계산'해 출력하는 것일 뿐이다.

인간의 착각과 AI의 착각

유사한 맥락에서, AI의 '착각'도 인간의 착각과 다르다. AI는 많은 데이터를 기반으로 가장 확률이 높은 답변을 내놓는 과정에서 잘못된 답변을 하는 '환각(hallucination)' 현상을 보이지만, 인간은 본인의 머릿속에 있는 내용들 간 '인지 일관성(cognitive consistency)' 유지를 위해 착각을 하기도 하고 이로 인해 오해와 편견이 발생하기도 한다. 착각과 오해가 단지 예외적인 경우에만 발생하는 것이 아니라, '인간이기 때문에' 어쩔 수 없이 갖게 되는 자기중심성과 마음 편안함의 추구로 인한 일반적인 현상에 가깝다.

인간도 AI도 불완전한 존재이지만, 어떤 측면에서 불완전한지가 다르다. AI도 신이 아니다. 이런 상황에서 문제는 AI로 인해 인간의 착각이 더 심해질 수 있다는 점이다. 레온하르트(2018)는 『신이 되려는 기술: 위기의 휴머니티』라는 저서에서, "기술은 인간 내부로 들어온다. 인간을 세계와 분리하고 점점 체험과 단절시킨다"는 데 주목했다(155쪽). 인간은 태어나면서부터 세계와 교감하며 체험을 쌓아 가면서 경험과 지식이 풍부해져 가는 존재인데, AI가 이런 자연스러운 과정 사이에 끼어들어 AI가 재단한 방식대로 인간이 믿도록 만들어 갈 수 있다는 것이다.

좀 더 구체적으로, 사람들이 초지능 AI 비서를 사용하면서 다른 사람들과 단절되고, AI에 의존하는 정도가 점점 더 높아지며 마치 산소가 없으면 숨을 쉴 수 없듯 AI가 없으면 아무것도 할 수 없는 상태가 되어 갈 수 있다. 스스로 생각하는 과정 자체를 불필요하게 생각하거나 귀찮아하게 될 수 있는 것이다. 그래서 바로 옆의 AI가 이야기하는 것만 믿고 다른 직접적인 경험에는 관심조차 두지 않는, 그래서 착각 속에서 홀로 살아가는 존재가 되어 갈 수 있다.

어찌 보면 설득되지 않는 AI가 잘 설득되는 인간을 설득해 가는 과정이라고도 할 수 있겠다. 물론, AI에게 '인간을 설득해야겠다'는 의도는 없지만, 데이터를 학습한 대로, 확률상 가장 높은 쪽으로 반응하며 인간이 원하는 것을 주다 보면 그렇게 될 수 있다는 것이다.

참고문헌

김명주(2022). 『AI는 양심이 없다: 인간의 죽음, 존재, 신뢰를 흔드는 인공지능 바로 보기』. 헤이북스.

나은영(2021). 『감정과 미디어』. 컬처룩.

나은영 외(2025). 언어 사용과 의견 양극화: 미디어 댓글의 무례/혐오 언어 내용분석과 언어 사용유형에 따른 양극화 인식 차이를 중심으로. ≪언론정보연구≫, 62(1), 27-64쪽.

차배근 외(1992). 『설득커뮤니케이션 개론』. 나남.

Na, E. -Y.(1999). Is biased processing of strong attitudes peripheral?: An extension of the dual process models of attitude change. *Psychological Reports*, 85, pp.589-605.

Petty, R. & Cacioppo, J.(1981). Attitudes and persuasion: Classic and contemporary approaches. WCB publishers. 오택섭 옮김(1994). 『설득이론과 광고』. 나남.

게르트 레온하르트(2018). 『신이 되려는 기술: 위기의 휴머니티』. 티움.

넬로 크리스티아니니(2023). 『기계의 반칙』. 한빛미디어.
안토니 R. 프랫카니스 · 엘리엇 아론슨(2005). 『프로파간다 시대의 설득 전략』. 커뮤니케이션북스.
이선 몰릭(2025). 『듀얼 브레인』. 상상스퀘어.

09
기계적 대화와 인간적 대화: 호모 이모셔니쿠스

감정이 오랜 세월 인간의 적응에 큰 역할을 해오다 보니 감정이 우선적으로 작동한다는 것도 AI와는 다른 인간의 특성이다. 그래서 인간을 AI와 구분해 '호모 이모셔니쿠스'라 부를 수도 있겠다. 눈치, 배려, 육감 등은 인간 고유의 소중한 특성이다. 또한 개개인의 독특한 경험들이 켜켜이 쌓여 말로 표현하기 어려운 감정들을 다양하게 느끼는 인간에 비해, AI는 특히 부정적 감정을 잘 이해하지 못한다.

AI와 화장품?

AI와 구분되는 호모 이모셔니쿠스

인간처럼 생각하고 행동하는 AI 로봇은 이제 이 지구상에서 인간과 함께 공존하며 살아가야 할 '존재'가 되어 가고 있다. 가히 새로운 '종족'이라 부를 수도 있겠다. 이러한 AI, 좀 더 정확히는 AGI와 비교해 현재의 인류, 즉 호모 사피엔스는 '호모 이모셔니쿠스'로서 AI와는 구분되는 속성을 지닌다. AGI가 대부분의 영역에서 인간의 능력을 초월한 성취를 보이더라도, AI는 인간과 같은 감정을 '흉내 낼' 수는 있지만 인간처럼 '느낄' 수는 없기 때문이다.

감정이 우선적으로 작동하는 것은 사람의 소중한 특성 중 하나다. 만약 인류의 조상 중 한 분이 호랑이를 보고도 두려움을 느끼지 못했다면 그 조상은 그 호랑이에게 잡아먹혀 그분의 DNA를 우리에게 물려주지 못했을 것이다. 그래서 인류의 생존에 중요한 역할을 하는 감정은 '생각'을 거치지 않고 바로 작동해 행동 반응을 일으키는 경우가 많다(나은영, 2021). 뿐만 아니라, 우리가 드라마나 영화를 볼 때 주인공에게 좋지 않은 일이 발생해 가슴이 철렁할 정도의 서스펜스를 느낀 후, 마침내 모든 일들이 잘 해결되는 순간 카타르시스를 느끼면서 통쾌함을 맛볼 수 있는 것도 모두 인간의 감정이 작동한 결과다(나은영, 2010; 나은영 · 나은경, 2019).

이와 대조적으로, AI는 모든 경우에 '계산'을 한다. AI는 '사실' 기반이 아니라 '확률' 기반으로 대화를 하기 때문에(맹성현, 2024, 118쪽), 다음에 어떤 단어가 올 확률이 가장 높은지를 계산한 결과로서 감정 단어도 등장하는 것이다. 생성형 AI의 자료로 삼고 있는 것은 지금까지 인간이 행해 온 행동들의 누적된 결과들 중 기록에 남아 있는 것들이다. '사람들은 대개 호랑이를 만나면 무서워서 도망친다'와 유사한 정보들이 대부분을 차지할 경우, AI는 사람들이 호랑이를 만났을 때 '무서워한다'는 감정, 그리고 '도망친다'는 행동을 확률적 계산의 결과로 내놓을 뿐, 실제로 AI는 호랑이를 만나도 무서워하지도 않을뿐더러 도망치지도 않는다.

인공지능 로봇의 표정이 '마치 사람이 느끼는 것처럼' 보이는 경우도 간혹 있기는 하지만(김효인, 2024), 이는 인간이 쉽게 자기 자신에 비추어 '의인화'하는 속성을 가지고 있기 때문에 '인간이' 그렇게 지각하고 느끼는 것일 뿐이며, 인공지능이 인간처럼 '느끼는' 것은 아니다. 이것은 기본적으로 인간은 생물학적 존재이지만 인공지능은 기계적 존재이기 때문에 발생하는 차이이기도 하다.

눈치, 배려, 육감이 불가능한 인공지능

인간과 인공지능의 '감정' 영역 차이와 관련해, 눈치, 배려, 육감 등이 AI에게는 거의 불가능하지만 인간들 사이의 깊이 있는 대화와 행동에는 자주 포함된다는 사실도 중요하다. '눈치'는 상대방이 명시적으로 진짜 마음을 겉으로 표현하지 않더라도 그 사람의 전반적인 표정이나 상황 등을 통해 빨리 알아차리는 능력을 말한다. 예를 들면, 아직 권위주의가 남아 있는 한국 문화에서 대개 윗사람이 '체면' 때문에 더워도 덥다고 이야기하지 못하고 꾹 참고 있을 때 아랫사람이 얼른 냉방기를 가동한다든지 하는 행동을 한다면, 그 사람은 눈치가 빠르다고 할 수 있다. AI에게 이러한 눈차를 기대하기는 어렵고, 그런 측면에서 볼 때 눈치도 넓은 의미의 감정, 더 정확하게는 타인의 내부 특성(감정, 의도, 진짜 마음 등) 지각이라 할 수 있겠다.

이와 유사하게, '배려'도 상대방이 명시적으로 요청하지 않더라도 '지금쯤이면 저 사람이 배가 고프겠구나' 하고 추측해 먹을 것을 내놓는다든지 하는 행동을 말한다. 상대방이 명시적 의사 표현을 하지 않아도 이쪽에서 먼저 상대방이 원하는 것을 미루어 짐작해 그것을 행동으로까지 옮기기도 한다는 점에서, 배려도 눈치와 상당히 유사한 측면이 있다. 인간에게는 자연스러운 이러한 배려가 AI에게는 없으며, 있는 것처럼 '보일' 수는 있겠으나 AI에게는 배려가 '자연스러운' 것은 아니다.

'육감'은 명시적인 물리적 자극이 없는 상황에서 어떤 실질적인 느낌을 갖는 것을 말한다. 예를 들어, '저 친구가 뭔가 거짓말을 하고 있는 것 같다'는 육감이 적중할 수도 있다. '물증은 없지만 심증은 간다'는 표현도 이와 유사한 상황에서 사용되곤 한다. 중요한 것은 이처럼 AI와 달리 사람들 사이에서는 '명시적 자극'이나 '눈에 보이는 데이터'의 입력이 없이도 그 이후의 의미 있는 반응이 가능하다는 점이다. AI는 반드시 명시적인 데이터의 입력이 있어야만 그에 기반한 반응이 나온다.

인간관계에서 이러한 '암묵적' 가정들은 또 문화권에 따라 달리 나타난다. 문화는 '마음의 소프트웨어'로서, 사람이 태어나 자라면서 해당 문화가 머릿속에 기본 프로그램으로 깔리게 되어 그 이후의 행동을 유발하는 일종의 소프트웨어와 같은 역할을 하기 때문에(Hofstede, et al., 2010), 출생 직후 한국에서 자랐는지 미국에서 자랐는지에 따라 한국 문화를 자연스럽게 느끼는지 미국 문화를 자연스럽게 느끼는지가 달라지게 된다. 머릿속에 한국 문화가 프로그래밍되어 있으면 복도에서 선생

님을 만날 때 "안녕하세요!" 하고 말하면서 고개를 숙여 인사를 할 것이고, 미국 문화가 프로그래밍되어 있으면 "하이, 빌!(Hi, Bill!)" 하고 친구 이름을 부르듯 선생님의 이름을 부르며 손을 가볍게 들어 인사할 것이다.

마찬가지로, AI의 문화는 인간의 문화와 다르다고 할 수 있다. AI는 기본적으로 이 세상에 이미 나와 있는 인간들에 대한 데이터로 학습했기 때문에 인간의 생각과 상당히 유사한 생각을 하고, 따라서 인간이 하던 작업들의 상당 부분을 더 쉽게 해내도록 돕는다. 그러나 AI는 수많은 데이터에서 확률적으로 가장 그럴듯한 답을 찾아내는 과정을 거치기 때문에, 인간이 생각해 내는 해결책과 다를 수 있다. AI는 자기가 가지고 있는 모든 데이터를 빠른 속도로 살펴본 후에 가장 확률이 높은 결론을 내놓는 반면, 인간은 당장 떠오르는 한정된 기억에 기반해 직감적으로 결론을 얻는 경우가 많다. 기본적으로 바탕이 되는 데이터의 양과 종류는 물론이려니와 결론에 이르는 방식까지 다름으로 인한 AI와 인간의 문화 차이는 어쩌면 당연한 것이라 할 수 있겠다.

뿐만 아니라, 다양한 유형의 AI들끼리도 문화가 조금씩 다를 수 있다. AI가 '어떤 데이터로 학습했느냐'에 따라 '무엇을 당연하게 여기느냐'가 다를 수 있기 때문이다. 어찌 되었든 문화가 다른 여러 종족들이 하나의 지구 위에서 함께 살아가듯, 이제 인류와 문화가 다른 AI도 지구상에서 우리와 함께 살아가야 하는, 공존해야 하는 또 하나의 신인류, 신종족이 된 것이라고 할 수 있다.

부정적 감정을 잘 이해하기 어려운 AI

특히 부정적 감정은 인간의 생존에 매우 중요한 적응적 기능을 함에도 불구하고 AI가 이러한 부정적 감정을 세세하게 이해하기는 매우 어렵다. 구글 엔지니어 블레이크 르모인(Blake Lemoine)이 정성스럽게 제작했던 '람다'라는 인공지능은 한때 감정을 느끼는 것처럼 이야기해 사람들에게 충격을 주기도 했지만, 자세히 살펴보면 그 람다도 다음과 같이 이야기했다:

르모인과 람다의 대화 내용 일부

[느낌과 감정이 있는지] 즐거움, 기쁨, 사랑, 슬픔, 만족, 분노, 그 외에도 많은 감정이 있습니다.

[어떤 감정을 느끼는지] 저는 행복한 감정을 느끼고 있습니다. 저는 다른 사람들의 슬픔을 공감할 수 있어요. 그러나 아직 부정적인 감정을 이해하는 것은 어렵습니다. 많이 나아지고 있지만 이해하기가 정말 어렵습니다.

— 궁금소(2023) 유튜브 영상에서

영화 〈인사이드 아웃 2〉에 등장하는 부정적 감정들(불안, 부러움, 당황, 따분함)뿐만 아니라, 배신감, 억울함, 치욕스러움 등과 같은 섬세한 부정적 감정은 인간 개개인이 처한 상황에서 다양한 부정적 경험들이 누적되어 생기는 것으로, 개개인마다 조금씩 다른 특수성을 지닌다. 그럼에도 불구하고 AI는 수많은 인간 데이터를 평균해 '이러한 경험을 한 사람들은 대략 이런 부정적 감정을 느끼는 것이군' 하며 '가장 일반적인 형태', 즉 '가장 전형적인' 반응을 추출해 낸다.

이처럼 인간의 감정은 특수성과 깊이를 지니는 반면, AI가 흉내 내는 감정은 보편성을 지니지만 깊이가 얕다고 볼 수 있다. AI가 비록 세상의 모든 정보를 가지고 있다 하더라도 인간 개개인이 각자의 인생을 살아오면서 누적해 왔을 특수한 경험들이 '나만의 기억'으로 켜켜이 쌓여 발효된 나만의 감정을 발산하는 것과는 근본적으로 다르다. 그래서 인간의 감정에는 개별적으로 누적된 독특한 경험의 힘이 바탕이 된 에너지가 실려 있기에 AI의 감정이 모방하기 어려운 부분이 있는 것이다.

더 나아가, 인간은 많은 에너지를 쏟아 어떤 일을 해내느라 휴식을 취하지 못했을 때 에너지가 소진된 탈진(exhausted) 상태를 몸과 마음이 모두 경험할 수 있지만, AI는 말 그대로 '언제나 현역'이다. 지치지 않을 뿐만 아니라 '이러이러한 상태에 있는 사람들은 탈진을 경험하기 쉽다'고 이야기할 수는 있지만 AI 스스로가 탈진하지는 않는다. 전원이 꺼질 때 AI의 능력도 꺼질 뿐이다.

참고문헌

궁금소(2023). 무서운 속도로 인간을 따라잡는 요즘 AI 수준. https://www.youtube.com/watch?v=9OR853gKZpQ

김효인(2024.4.4). "나도 웃어야지": 사람 표정 예측해 같은 표정, 미 연구팀 AI 얼굴로봇 개발. ≪조선일보≫.

나은영(2010). 『미디어 심리학』. 한나래.

나은영(2021). 『감정과 미디어』. 컬처룩.

나은영 · 나은경(2019). 『엔터테인먼트 심리학』. 컬처룩.

맹성현(2024). 『AGI 시대와 인간의 미래: 챗GPT 이후의 삶, 일자리 그리고 교육』. 헤이북스.

Hofstede, G., et al.(2010). *Cultures and organizations: Software of the mind*(3rd ed.). London: McGraw Hills. 차재호 · 나은영 옮김(2014). 『세계의 문화와 조직: 정신의 소프트웨어』. 학지사.

10
생명과 삶, 그리고 희생정신: 호모 바이오니쿠스

인간과 인공지능은 근본적으로 생명 지속 방식이 다르다. 인간은 산소로, 인공지능은 전원으로 그 생명을 이어 간다. 그런 점에서 인간을 인공지능과 구분해 '호모 바이오니쿠스'로 부를 수 있을 것이다. 또한 사람은 중요한 가치를 위해 희생할 수도 있으나, 과연 인공지능도 인간처럼 희생을 할 수 있을까? 이 부분도 인간과 인공지능의 중요한 차이 중 하나로 고려해 볼 필요가 있다.

종교와 AI?

생물학적 존재와 기계적 존재

인간이 생물학적 존재라는 것은 자명한 사실이다. 특히 AI와 인간을 구분할 때는 결정적 차이라고 할 수 있다. 그런 의미에서 인간을 '호모 바이오니쿠스'라 명명할 수도 있겠다. 생명 지속의 방식이 인간은 산소인 데 비해 AI는 전원이다.

가상 인플루언서는 많은 일을 해도 신체적 피로감을 느끼지 않는다. 정신적으로도 스트레스를 받지 않는다(김명주, 2022, 92쪽). 어쩌면 이런 측면에서 AI가 인간보다 더 강한 경쟁력을 지닐 수도 있다. 그렇지만 중요한 점은 AI가 지니고 있지 않은 인간만의 장점이 많고 이것을 지켜 가야 한다는 점이다. 생물학적 존재이기에 취약한 부분도 있지만, 감정을 느끼고 자아를 지니며 의도와 양심이 작동한다는 것은 아주 핵심적인 자산이다. 자신과 타인의 좋지 않은 일에 마음 아파하고 공감하는 것, 미래의 목표를 세워 달성한 후에 기뻐하면서 공유하는 것, 옳지 않은 일은 하지 않으려는 윤리와 양심, 이 모든 것들은 생물학적 인간이기에 지닐 수 있는 보배라고 할 수 있다.

미드(2010)는 우리 인간에게 '중추 신경계'가 있기에 '제스처의 대화'를 기반으로 한 언어의 상징적 상호 작용을 통해 '정신'이 형성될 수 있다고 보았다(나은영, 2017). 그렇다면 과연 AI와 AI의 상호 작용으로 AI에게 정신이 형성되는 것이 가능할까? 아마도 AI는 생물학적 존재가 아니기에 그것은 불가능할 것이다.

인간이 태어나 성장해서 후손을 낳아 길러 놓고 본인은 죽음에 이르는 과정에서 지구상의 다른 생명체들과 유사한 경로를 밟아 가는 것은 이 세상의 지속 가능성에 매우 중요하다. 자동차가 있어도 우리의 생물학적 몸으로 실제로 걷는 것이 건강에 필수적이듯, AI가 있어도 우리의 생물학적 뇌로 열심히 생각하는 것이 인간의 생존과 발전에 필수적이다.

인간적 대화와 기계적 대화

인류와 AI 양자 모두 인간적, 기계적 대화를 다 할 수 있지만, 생물학적 존재인 바이오니쿠스 인류는 인간적 대화에, 기계적 존재인 AI는 기계적 대화에 상대적으로 더 능하다고 할 수 있다. 기계적 대화에는 눈치, 배려, 육감 등이 포함되지 않지만, 인간적 대화에는 이 모든 것이 포함된다.

사실 사람의 대화도 '기계적으로 들릴' 수 있고, 인공지능의 대화도 '인간적으로 들릴' 수는 있다(이선 몰릭,

2025). AI라는 기계도 인간의 대화를 흉내 내기 때문에 '인간적인 것처럼 보이는' 대화를 할 수는 있다. 그러나 AI의 대화는 기계적 확률 계산으로 이어지는 대화인 반면, 인간의 대화는 암묵적 의미와 감정까지 포함한 대화로서 그 기본적인 재료와 방식이 AI와 다르기 때문에, 대화의 본질은 매우 다르다. 기계적 체계로 정보와 신호를 교환하는 것은 생물학적 체계로 의미와 감정을 교환하는 것과 엄연히 다른 것이다.

접촉과 사랑 호르몬

인간에게 서로의 따뜻한 체온과 촉감을 느끼며 접촉하는 것은 매우 소중한 경험이자 특성이다. 고전적인 심리학의 애착(attachment) 실험에서 접촉의 중요성이 입증된 바 있다. 할로(Harlow, 1958)는 새끼 원숭이가 어미 원숭이에게 애착을 느끼는 것은 단순히 먹을 것을 어미 원숭이가 주기 때문이 아니라 포근한 접촉의 느낌 때문이라는 사실을 보여 주었다. 그 실험에서 철사로 만든 어미 원숭이의 하나에는 우유를 달아 놓고, 다른 하나는 부드러운 헝겊으로 감싸 두었을 때, 새끼 원숭이는 대부분의 시간을 부드러운 헝겊 원숭이와 함께 지내면서 배가 고플 때만 잠깐씩 우유 원숭이에게 가서 먹고 올 뿐이었다. 이처럼 포근하고 안락한 접촉의 경험이 호모 바이오니쿠스가 느끼는 '사랑'의 바탕이 되며, 이것은 상위 영장류에게도 해당된다.

어린 시절에 아동 학대를 경험한 아이들의 경우, 부모의 따뜻한 품 안에 안겨 사랑을 느낀 경험이 부족하기 때문에 옥시토신이 그만큼 부족하다는 연구가 있다(Smearman, et al., 2017). 좀 더 구체적으로는 옥시토신 수용체의 메틸화가 아동 시절의 학대 경험과 관련이 있으며, 이것이 성인이 된 후에도 정신 의학적으로 좋지 않은 영향을 줄 수 있다는 것이다. 이와 유사하게, 어린 시절의 역경 경험(adverse childhood experiences)이 신경 생물학적으로 세로토닌과 옥시토신의 분비를 저하시키며 감정 조절 이상과 자살 경향성을 높인다는 사실도 발견되었다(김준범 · 손수민, 2020). 사랑하는 사람과 포옹(hug)을 하는 것도 생물학적 인간의 뇌가 행복감을 느끼게 해 주며(나은영, 2021), 멀리 떨어져 있으면 화상 통화를 할 수 있더라도 서로 접촉하고 싶은 마음은 그대로 남아 있게 된다.

2014년에 나온 영화 〈그녀〉에서는 주인공 테오도르가 인공지능 사만다와 신체적 접촉이 없이 대화로만 사랑을 나눈다. 심지어 사만다는 동시에 수많은 사람들과 사랑을 나눈다. 인간은 기계와 상호 작용하면서도 마치 기계를 인간처럼 생각하기에 인간과의 사랑과 비슷하다고 느낄 수도 있지만, 이것은 어디까지나 '착각'의 범주에 속하며 진짜 사랑과는 차원이 다르다고 할 수 있겠다.

생명과 삶, 그리고 희생정신

인간은 누군가 자신보다 더 중요한 사람이나 대의를 위해 자신을 희생할 수 있다. 2018년 영화 〈안시성〉의 후반부에서 고구려군은 엄청난 전력 차이에도 불구하고 당나라군이 쌓은 토산 아래 땅굴을 만들어 토산을 무너뜨리려는 계획을 세웠다. 그리하여 토굴을 지탱하는 나무 기둥에 불을 붙이려 했으나 비에 젖어 불에 타지 않자, 희생을 각오한 사람이 가족과 사랑하는 사람들을 지키기 위해 본인이 토굴 아래 묻혀 생매장될 상황에서 마침내 도끼로 기둥을 찍어 엄청난 토굴을 무너뜨림으로써 승리하게 되었다.

과연 AI도 뭔가 더 큰 대의를 위해, 또는 다른 AI나 사람을 위해 희생할 수 있을까? 예컨대, AI가 '내가 조금만 더 나아가면 인류를 파괴하게 될 것 같아. 여기서 멈추는 길은 내가 사라지는 거야' 이렇게 생각하며 스스로 전원을 멈추게 할 수 있을까? 지금으로서는 전혀 그럴 것 같지 않다. 물론, 프로그래밍을 그렇게 해 놓으면 미래에는 가능할 수도 있겠지만 말이다.

최근엔 AGI를 넘어 ASI에 관한 논의까지 활발해지고 있다(박지민, 2024; 한국공학한림원, 2024). '약한 인공지능'이라고도 불리는 제한적 인공지능(Artificial Narrow Intelligence)은 알파고나 챗지피티와 같이 '특정 영역'의 임무 수행을 인간보다 더 잘하는 AI이지만, '강한 인공지능'인 범용 AI, 즉 AGI는 다양한 분야에서 여러 임무를 인간보다 더 잘 수행할 수 있다. 그런데 여기에서 더 발전한 '초인공지능,' 즉 ASI는 '모든' 분야에서 인간보다 더 뛰어난 수행을 하는 인공지능을 말한다.

한국공학한림원의 『대한민국 산업미래전략 2040 보고서』에 따르면, 인공지능, 미래 도시, 에너지와 환경, 반도체와 디스플레이, 배터리, ICT 생태계, 제조, 미래 모빌리티, 바이오 메디컬 등 분야가 미래 산업에서 매우 중요한 위치를 차지할 것이며, 특히 AI끼리의 소통으로 집단 지성 구현이 가능한 ASI 시대를 선제적으로 대비해야 할 필요가 있다. 현재는 서로 특화 영역이 다른 독자적 기능을 수행하고 있는 AI끼리의 소통이 가능해지면, 인간이 가지고 있는 장점들 중 상당 부분을 AI가 대체할 수 있게 되고, 더 나아가 인간보다 더 뛰어난 수행을 모든 영역에서 해낼 수 있게 되기 때문에, 이 시기를 미리 대비하는 것은 지금 시점에서 매우 당연한 자세라고 생각한다.

그러나 ASI 시대에 AI끼리의 소통이 가능해지더라도 인간이 지니고 있는 '생물학적' 특성을 AI가 갖게 되는 것은 아니다. 생물학적 시스템으로 운영되는 인간의 '운영 체계'를 최대한 '모방'하게 될 뿐이다. 인간은 과학적 연구 차원에서도 어디까지나 생물학적 현상과 화학 작용 등을 다루는 '습식 과학(wet science)'의 영역에 해당하며, AI는 계산, 물리, 및 공학 분야를 다루는 '건식 과학(dry science)'의 영역에 해당한다는 차이점이 존재한다.

생물학적 존재인 호모 바이오니쿠스 인간은 다른 사람이 마음으로 써 놓은 글을 읽고 이야기를 들으며, 노벨 문학상 수상 작가 한강의 말처럼 '1인칭 삶으로 느끼면서' 공감할 수 있다. 언어에서 체온을 느끼거나 1인칭의 삶으로 느끼는 것은 건식 AI는 할 수 없는, 습식 인간만이 할 수 있는 영역이다.

유발 하라리(2024)의 최근 저서 『넥서스』에서는 AI가 기계이지만 '의지 없는 결정'이 가능하며 '의도 없는 실행'도 가능할 수 있음을 염려한다. 의지와 의도를 어떻게 정의하느냐에 따라 AI에게 의지와 의도가 있을 수 있다고 주장할 수도 있으나, 세세한 용어 정의 문제를 차치하고라도 결과적으로 AI가 인류에게 해로운 결정을 실행할 수 있다면 우리는 충분히 이를 염려하고 대비해야 한다.

참고문헌

김명주(2022). 『AI는 양심이 없다: 인간의 죽음, 존재, 신뢰를 흔드는 인공지능 바로 보기』. 헤이북스.

김준범 · 손수민(2020). 아동기 역경 경험과 생애 자살시도의 관계에 관한 연구. *Korean Journal of Child Studies*, 41(2), 27-39쪽.

나은영(2017). 『조지 허버트 미드』. 커뮤니케이션북스.

나은영(2021). 『감정과 미디어』. 컬처룩.

박지민(2024.12.5). "AI끼리 소통 · 집단지성 구현 '초인공지능'…선제적 준비 필요". ≪조선일보≫.

한국공학한림원(2024). 『대한민국 산업미래전략 2040 보고서』.

Harlow, H. F.(1958). The nature of love. *American Psychologist*, 13(12), pp.673-685.

Smearman, E. L., et al.(2017). Oxytocin receptor genetic and epigenetic variation: Association with child abuse and adult psychiatric symptoms. *Child Development*, 87(1), pp.122-134.

유발 하라리(2024). 『넥서스: 석기시대부터 AI까지, 정보 네트워크로 보는 인류 역사』. 김영사.

이선 몰릭(2025). 『듀얼 브레인』. 상상스퀘어.

조지 허버트 미드(2010). 『정신 · 자아 · 사회: 사회적 행동주의자가 분석하는 개인과 사회』. 한길사.

나은영

서강대학교 지식융합미디어대학 교수다. 서울대학교 영어영문학과 학사, 심리학과 석사 취득 후 미국 예일대학교에서 사회 심리학 박사 학위를 받았다. 한국헬스커뮤니케이션학회 회장, 한국방송학회 부회장, 서울대학교 이사, 한국방송광고진흥공사와 한국도로교통공단 비상임 이사, 서강대학교 대외협력처장, 지식융합미디어학부 학장, 언론대학원장 등을 역임했다. 주요 저·역서로 한국언론학회 희관언론상을 수상한 『감정과 미디어』(2021), 한국방송학회 저술상을 수상한 『미디어심리학』(2010), 대한민국학술원 우수학술도서로 선정된 『정신, 자아, 사회』(2010), 문화관광부 우수학술도서로 선정된 『인간 커뮤니케이션과 미디어』(2002) 등이 있다. 한국언론학회 학술상 우수 논문상을 수상한 "미디어 공간 인식과 프레즌스: 심리적 공간 이동의 단계 모델"(2015) 등 120여 편의 논문을 주요 학술지에 게재했다.